CIUG | 城市治理理论与实践丛书·译著系列
| 总主编 姜斯宪

城市可持续转型治理

欧洲和
亚洲经验

Governance of Urban Sustainability Transitions

European and
Asian Experiences

[荷兰]
德克·洛巴赫————等主编
(Derk Loorbach)

苗瑞 邓晓明 宋雨沁 程玥——————译

上海交通大学出版社
SHANGHAI JIAO TONG UNIVERSITY PRESS

内容提要

21世纪是城市的时代。城市地区拥有全球50%以上的人口，全球60%以上的经济产值以及温室气体排放量由城市产出。当前，我们面临的挑战在于，如何在减轻城市环境负担的同时，让城市可持续发展。本书通过对欧洲和亚洲5个城市的转型试验进行详细分析，以总结出更具可操作性的转型治理经验。全书分为三个部分，第一部分对城市可持续转型及治理理论进行介绍，第二部分包含5个城市的转型治理案例分析，第三部分为治理经验总结与反思。本书的读者对象为城市治理领域的研究者和基层实践者。

First published in English under the title

Governance of Urban Sustainability Transitions; European and Asian Experiences

edited by Derk Loorbach, Julia M. Wittmayer, Hideaki Shiroyama, Junichi Fujino and Satoru Mizuguchi, edition: 1

Copyright © Springer Japan, 2016 *

This edition has been translated and published under licence from

Springer Japan KK, part of Springer Nature.

Springer Japan KK, part of Springer Nature takes no responsibility and shall not be made liable for the accuracy of the translation.

上海市版权局著作权合同登记号：图字：09-2018-27

图书在版编目（CIP）数据

城市可持续转型治理：欧洲和亚洲经验/（荷）德克·洛巴赫（Derk Loorbach）等主编；苗瑞等译.—上海：上海交通大学出版社，2022.10
（城市治理理论与实践丛书）
书名原文：Governance of Urban Sustainability Transitions: European and Asian Experiences
ISBN 978-7-313-27218-8

Ⅰ.①城… Ⅱ.①德… ②苗… Ⅲ.①城市管理—研究—欧洲、亚洲 Ⅳ.①F299.500.3 ②F299.300.3

中国版本图书馆CIP数据核字（2022）第144464号

城市可持续转型治理：欧洲和亚洲经验
CHENGSHI KECHIXU ZHUANXING ZHILI: OUZHOU HE YAZHOU JINGYAN

主　　编：[荷兰] 德克·洛巴赫 等
译　　者：苗　瑞　邓晓明　宋雨沁　程　玥
出版发行：上海交通大学出版社　　　　　　地　　址：上海市番禺路951号
邮政编码：200030　　　　　　　　　　　　电　　话：021-64071208
印　　制：苏州市越洋印刷有限公司　　　　经　　销：全国新华书店
开　　本：710mm×1000mm　1/16　　　　印　　张：12.75
字　　数：186千字
版　　次：2022年10月第1版　　　　　　　印　　次：2022年10月第1次印刷
书　　号：ISBN 978-7-313-27218-8
定　　价：69.00元

版权所有　侵权必究
告读者：如发现本书有印装质量问题请与印刷厂质量科联系
联系电话：0512-68180638

城市治理理论与实践丛书
编委会

总主编

姜斯宪

副总主编

吴建南　　陈高宏

学术委员会委员

（以姓氏笔画为序）

石　楠　　叶必丰　　朱光磊　　刘士林　　孙福庆

吴建南　　吴缚龙　　陈振明　　周国平　　钟　杨

侯永志　　耿　涌　　顾海英　　高小平　　诸大建

曾　峻　　蓝志勇　　薛　澜

编委会委员

（以姓氏笔画为序）

王亚光　　王光艳　　王浦劬　　关新平　　李振全

杨　颉　　吴　旦　　吴建南　　何艳玲　　张录法

陈　宪　　陈高宏　　范先群　　钟　杨　　姜文宁

娄成武　　耿　涌　　顾　锋　　徐　剑　　徐晓林

郭新立　　诸大建　　曹友谊　　彭颖红

城市是人类最伟大的创造之一，是人类文明发展的重要结晶。人类迄今为止的文明史，也是一部城市发展和进步的历史。体现人类文明发展水平的各种要素，大多都是在城市中兴起的，也是在城市中不断延续和发展的。从古希腊的城邦和中国龙山文化时期的城堡，到当今遍布世界各地的现代化大都市，以及连绵成片的巨大城市群，城市已经为人类文明的重要空间载体，也成为人类文明持续进步的主要引擎，承载着人们对于美好生活的向往。

21世纪是城市的世纪。联合国发布的《2018年版世界城镇化展望》报告显示，目前世界上有55%的人口居住在城市，到2050年，城市人口占比预计将达到68%。改革开放以来，中国的城镇化率持续稳步提升，2011年首次突破50%，2019年已经超过60%。越来越多的人享受到城市文明的红利。城市无可置疑地成为经济、政治、文化、社会等活动的中心，在国家和地区发展中具有举足轻重的地位，也成为国家治理的重要舞台。

城市，让生活更美好！美好的城市生活，离不开卓越的城市治理。城市化进程推动了人口和资源的聚集，形成了高度分工基础上的比较优势，发展出辉煌灿烂的物质文明和精神文明，但人口膨胀、环境污染、交通拥堵、资源紧张、安全缺失与贫富分化等问题也接踵而至，成为城市健康发展的瓶颈，困扰着广大的城市居民，考验着城市政府。无论是推进城市的可持续发展，还是化解迫在眉睫的"城市病"，都亟须全面提升城市治理能力，努力实现城市善治。

党的十八大以来，党和政府审时度势，高屋建瓴，先后召开了中央城镇化工作会议、中央城市工作会议等一系列重要会议，对城市工作做出了科学的安排和重大的部署。习近平总书记高度关注城市工作，多次就"城市治理"发表重要讲话，先后提出了"城市管理要像绣花一样精细""一流城市需要一流治理""人民城市人民建、人民城市为人民"等诸多重要论述，廓清了城市工作的思想迷雾，指出了城市管理的目标、方向和路径。

卓越的城市治理离不开必要的理论指导和智慧支持。2016 年 10 月 30 日，在上海市人民政府的支持下，上海交通大学联合上海市人民政府发展研究中心创立了中国城市治理研究院，旨在建成国际一流新型智库、人才汇聚培养基地和国际交流合作平台。中国城市治理研究院自成立以来，依托上海交通大学文、理、医、工、农多学科优势，围绕城市工作中的重大理论和现实问题，积极开展有组织的系统研究，取得了丰硕的研究成果，形成了广泛的决策影响力和社会影响力。

系列研究著作是打造学术影响力的重要举措。上海交通大学中国城市治理研究院决定推出"城市治理理论与实践丛书"，旨在打造一套符合国际惯例，体现中国特色、中国风格、中国气派的书系。本套丛书将致力于全面梳理和总结城市治理的重要理论，以中国城镇化和城市治理的实践为基础，提出具有中国特色的本土性、原创性和指导性的理论体系；深度总结、积极推广上海和其他地区城市治理的先进经验，讲好城市治理的"中国故事"，唱响城市发展的"中国声音"，为全球城市治理贡献中国范本。

相信"城市治理理论与实践丛书"的推出，将有助于进一步推动城市治理的理论研究，打造中国特色的城市治理理论体系，也为深入解决城市治理中的难题和挑战、实现城市治理体系和治理能力现代化贡献更多的智慧！

上海交通大学党委书记
上海交通大学中国城市治理研究院院长
2018 年 1 月

21 世纪是城市的时代。城市地区拥有全球 50% 以上的人口、全球 60% 以上的经济产出和温室气体排放量。到 21 世纪末，这些数字还将进一步增加。当前，我们面临的挑战在于，如何在减轻城市环境负担的同时，为每个公民提供工作和享受生活的机会，从而使城市地区更加宜居。

城市是一个庞杂的社会系统。而庞杂的社会系统往往具有根深蒂固的社会惰性。这种惰性是由以往的观念和规则、日复一日的常规活动以及文化、科技和社会团体共同构成的。把城市巨型系统转化为可持续发展的系统，正是我们今天面临的挑战。这是一项艰巨的任务，因为变革意味着要与以上惰性和社会阻力作斗争。社会制度天然具有保守性，即使在需要做出改变的情况下，也倾向于选择保持现状。

与此同时，变革的需求是迫切的。联合国政府间气候变化专门委员会（IPCC，Intergovernmental Panel on Climate Change）第 5 次评估报告指出，要想避免气候变化带来的负面影响，就需要在 2050 年前将温室气体排放量降低 40%～70%（相当于 2010 年的温室气体排放总量）。该报告还说明了如何转变能源和土地的使用方式以大幅削减温室气体的排放量。此外，该报告还提到，我们已经有了经济和治理模式转型的案例和经验。

然而，由于社会系统的惰性，转型是很难实现的。日本政府一直在开发促进低碳经济发展和城市创新的项目。其中有 2 个案例：2008 年以来实施的生态示范城市建设项目和 2012 年以来实施的"未来城市"倡议项目。在这 2 个项目中，我一直担任项目负责人。我们在推行以上 2 个项目中的过程中，为了应对根深蒂固的社会惰性，走了不少弯路，也积累了一些经验。

2012 年，第二届"未来城市"国际会议邀请德克·洛巴赫（Derk Loorbach）和茱莉娅·M.维特梅尔（Julia M. Wittmayer）就欧洲城市转型治理的理论和实践发表演讲。通过分析社会惰性的组成，选择具有不同观点和实践思路的开拓者来领导转型试验，并开展小规模试验，避免城市可持续转型试点受传统势力的影响。如果以上举措能取得成功，那么我们就可以把这种模式推广到其他领域。

在推进"未来城市"倡议项目的过程中，我们的做法在一定程度上过于侧重实践，而忽视了将城市可持续转型过程中的经验上升为理论。洛巴赫、维特梅尔以及他们的同事十多年来通过"边做边学"和"边学边做"的模式将他们的实践经验上升为理论。2014 年，我们决定一起合作。这本书是我们合作的第一项成果。

东西方在如何治理社会方面存在分歧。然而，我们也逐渐意识到东西方在城市可持续转型问题上也有很多相似之处。通过合作学习，我希望我们可以开拓城市可持续发展的新路径。

村上周三（Shuzo Murakami）

2015 年 6 月

于日本东京

探索城市可持续发展不仅是一种迫切需要和道德义务，而且是一次令人兴奋的未来之旅。传统意义上，中央政府在城市治理方面发挥了重要作用，地方政府也不例外。地方政府制定雄心勃勃的目标，制订补贴和实施计划，并且致力于自上而下地将这些计划付诸行动。但随着全球人口及消费的增长、城市人口不断膨胀，世界各国的联系日益紧密且更加复杂。我们需要重新思考如何实现城市的可持续发展。我们有必要从优化现有方案转向寻找全新的解决方案。

比利时的根特市活跃在城市可持续转型的最前沿。我们早就认识到，政策、科学和文明社会间的一致性对于创造绿色、宜居、繁荣城市的必要性。根特市经历了从工业城市到如今有吸引力的历史文化城市的历史性转型。在过去的几年里，我们决心共同努力，重塑应对城市未来挑战的方案。受到"城市减压：创新城市解决方案"（Mitigation in Urban Areas: Solutions for Innovative Cities, MUSIC）项目的启发，我们有很多的政务官员和企业家已经开始广播转型之种。

根特市的选择是艰难的。作为一个历史悠久的城市和生机勃勃的港湾，根特市面临的挑战之一就是争创气候友好型城市。为了在 2050 年实现相应的减排目标，需要整个城市的所有利益相关者的共同努力。根特市不仅致力于采取具有长期影响力的结构性解决方案，而且还以社会化的方式制定气候政策。在根特市的政策中，结构性节能措施使市民、社会组织更能适应能源价格上涨的趋势，同时也为易受此类影响的家庭提供了额外的资源。近年来，我们为市民、社会组织和企业自主节能减排创造了大量空间，以使我们的能源生产更具可持续性。因为我们相信，只有各方通力合作才能建成气候友好的根特。在根特市，我们全身心投入以完成这场旅程。我们重新审视目前所处的位置和未来的目标，我们以整座城市的革新者的激情、企业家精神和坚持为基础，务实地学习、实践，并不断改进。

根特市转型过程中一个鼓舞人心的例子是"生活街区"的创立：每年有一个月时间，根特市民可以禁止机动车在街道通行，以收回公共空间。这项自下而上与自上而下相结合的试验自推出以来，吸引了根特市越来越多的街道参与其中，现在也推广到其他城市了。这样的试验只有在时机恰到好处时才能出现。我从中看到了地方政策的关键作用：通过为可持续转型创造必要的社会预期以及财务、物理和监管空间，将行动者聚集在一起，共同重塑城市的未来。我希望这本书能够为更多城市带来灵感和信心，积极迎接挑战并加入这一共同旅程中。

蒂恩·海斯（Tine Heyse）

2015 年 6 月

于比利时根特市

　　无论是在欧洲还是在日本，各大城市积极寻求可持续转型战略的原因有很多：人口老龄化、经济结构需要调整、全球化背景下经济增长乏力、资源瓶颈问题和环境宜居问题等。本书旨在通过对欧洲和日本的部分城市进行实证研究，以说明如何加快城市可持续转型的进程。通过对城市转型背景下的案例进行深入研究，对可持续转型成功和失败的城市进行反思，并总结其中的经验和教训。本书提供了一组先驱城市——阿伯丁、根特、东近江、北九州和蒙特勒伊的转型治理方法及经验，以解决当前城市面临的各种不可持续发展的挑战，从而迈向更可持续的未来。在与欧洲、日本的学者和实践者进行交流的基础上，我们编写了这本书。本书展示了城市发展挑战的多样性、文化的差异性以及多种治理理念和工具。在这些差异之外，城市之间还有很多共通之处：转型话语体系、对社会创新和城市未来的期待以及对试验、学习和分享的奉献精神。因为这些共通之处，我们和那些因听闻我们的故事而受到激励的人们能持续推动城市转型。

　　本书分为三个部分。第一部分是城市可持续发展转型及治理简介，通过引入 3 个概念作为全书的理论基础：城市——可持续转型的载体和参与者（第 1 章），转型治理——城市治理的新模式（第 2 章），城市互联活动——为城市可持续转型提供支持（第 3 章）。第二部分介绍欧洲和日本城市转型治理案例。这是本书的核心，包含 5 个内容丰富的章节，以不同城市在转型治理方法上的尝试为主轴，展示了不同城市对可持续发展的探索。其中，关于欧洲城市的章节，则概述了城市管理机构与其他行动者基于转型治理方法论进行协同创新的过程，以及将由此产生的转型治理方法应用于城市治理的过程和结果；关于日本城市的章节，则从转型的角度分析了城市治理。本书第二部分所有章节遵循以下基本构建框架：首先介绍城市的背景信息，其次分析城市可持续发展面临的主要挑战和相应城市采取的应对机制及结果，最后是分析结果与讨论。本书的第三部分为综合与反思，包括 3 个章节。其中，第 9 章从实践的角度总结了欧洲和亚洲 5 座城市的转型治理框架、治理经验和教训。本书最后两章聚焦于不同的主体，第 10 章主要为城市可持续转型治理实践者提供行动建议，而第 11 章则为研究者提出了未来城市可持续转型治理中可供研究的主要问题。

第一部分：城市可持续发展转型及治理简介

在第 1 章为本书奠定理论基础之后，第 2 章主要介绍了转型治理的概念及其在城市的应用。我们首先介绍了转型治理的原则，对城市既有管理框架的转变要求以及在工具和方法论上的具体实践。除了概述这些转型治理要素之外，我们还探究了如何运用这些要素对城市转型动力和运作框架进行启发式分析，从而在城市治理情境中加快可持续转型的进度，最后在综合城市转型治理的承诺和挑战的基础上进行了总结，并强调了城市中的具体治理情境对于转型治理过程的意义。

第 3 章描述了一系列为城市可持续转型治理提供支持的国内与国际网络。为此，我们引入了本章所涉及的城市网络的概念，重点是描述城市网络的资金来源渠道、潜在原理以及它们在支持城市实现可持续转型目标中的作用。这些网络包括欧洲城市的 MUSIC 项目及其网络，以及日本的生态型城市、"未来城市"倡议、绿色和地方自治型城市 3 个城市网络。本章还从整体层面比较了以上城市的不同之处，这些内容将在后续章节具体介绍。

第二部分：欧洲与日本城市转型治理案例

在第 4 章中，我们介绍了英国阿伯丁市的基本概况，以及如何通过协同创新实现城市发展模式的转变，以避免石油依赖型经济带来的社会和金融脆弱性问题。该章着重介绍转型过程中的各种利益冲突和观点分歧。

第 5 章着重介绍日本东近江市的案例。我们分析了一个名为"福利商城"的社区商业项目。该项目将当地的食品供应、能源生产和老龄照护服务集中在一个地方，以产生集聚效应。本章重点介绍了利基^①创新是如何在缓慢但彻底的社会环境变迁压力下发生的。

第 6 章的重点是比利时根特市，该市已经启动了一个基于转型治理的"气候竞争平台"，以实现到 2050 年建成气候友好城市的治理目标。这一章主要关注政策制定者和行动者在城市转型过程中的赋权问题。政策制定者通过引入开放的协同创新模式和跨部门合作模式，可以有效提升城市可持续转型的效率。

在第 7 章中，我们讲述了北九州的转变——从臭名昭著的工业污染城市，转向注重环境保护、促进环保事业发展和提升当地公民福利的城市。我们从转型治理视角分析了北九州生态城项目。该项目旨在促进环保事业的发展，这可以被视为北九州向绿色城市转型的催化剂。他们更关注各种公私部门中具有创新思维的领导者对城市可持续转型进程的推动作用。

第 8 章主要介绍了一座欧洲城市——法国蒙特勒伊的转型治理实践。在蒙特勒伊，转型治理是当地减排计划的组成部分。我们描述了当地转型治理如何适应法国的政治环境，并探讨了政府和企业在角色扮演、关系处理和文化沟通层面上融合的可能性。

---

① 利基（niche），主要针对企业的优势细分出来的市场。——译注

第三部分：综合与反思

第 9 章分析了城市在可持续发展层面上重新定位城市所面临的主要挑战，以及各种转型治理方法在实现这种重新定位中的潜在作用。这些观点侧重于不同的治理活动和工具以及它们应对现实挑战的实用性。本章最后总结了转型治理原则以及相应的流程框架。

第 10 章总结了欧洲和日本 5 座城市的转型治理经验，为城市转型治理的践行者提供行动建议，使其能更有效地处理城市可持续发展问题。本章基于不同案例，对为何以及何时进行城市转型治理的经验进行了反思。我们特别强调了网络融合在城市转型治理中的重要性：科学家提供的信息往往可以作为共同起点，通过将各种问题从源头上连接到一起，以激发集体行动，往往比争取达成共识更有成效。

第 11 章梳理了前面各章的结论，总结了城市可持续转型治理的 3 个未来研究方向：理论性、探索性和实操性应用，以推进特定的转型治理研究以及整体的城市可持续转型治理。

德克·洛巴赫（荷兰，鹿特丹）

茱莉娅·M.维特梅尔（荷兰，鹿特丹）

城山英明（日本，东京）

水口悟（日本，东京）

藤野纯一（日本，筑波）

CONTENTS

|目　录|

Governance of Urban Sustainability Transitions

PART 1

城市可持续发展
转型及治理简介

| 第 1 章 |

城市可持续转型发展面临的挑战

德克·洛巴赫[①]　城山英明[②]

【摘　要】 随着人口的不断增长，全球城市在能源、食物、住房、水源和社会福利可持续供给方面将面临巨大的挑战。在部分可持续发展的城市里，这些挑战正逐渐受到重视。本章主要介绍本书涉及的转型理论与实践观点，并对其结构及框架进行概述。首先从可持续转型的角度介绍了城市发展的动力：支持转型的社会力量及其关系网络产生的推动力是深层系统性转型的主要动力。这一观点既指出了城市转型的复杂性、不确定性和变革阻力，也点明了推动城市转型的机制和模式，更为新型治理奠定了基础。随后，笔者阐述了可持续转型的定义、相关理论和治理方法，从欧洲和日本的城市转型治理实践中总结经验，并对以上经验进行回顾，分析不同城市的可比性，从中总结出能用于更多城市转型的通用型策略。

---

① 德克·洛巴赫（Derk Loorbach），荷兰鹿特丹伊拉斯姆斯大学（Erasmus University Rotterdam）社会学系教授，伊拉斯姆斯大学荷兰转型研究所（The Dutch Research Institute For Transitions，DRIFT）理事兼创始人之一，主要研究社会经济转型。
② 城山英明（Hideaki Shiroyama），日本东京大学教授，主要研究国际行政学、科技与公共政策和公共政策过程。

【关键词】 城市　城市可持续转型　转型治理

1.1　城市的可持续性

　　越来越多的人认为，城市正在走向可持续发展。这既是因为城市更容易受到生态、社会经济和政治危机的影响，也是因为城市是创新和社会试验的诞生地。在作为新兴事物诞生地的同时，城市本身也是转型的实体。然而，城市本身不是一个利益整体。相反地，城市是由许多不同利益团体、组织及其关系网络组成的。这些要素通过不断重新定义、重新构造和重新演绎，最终造就了城市的形貌。绝大多数日常活动、创新、政策举措和商业策略都旨在改善城市结构、经济结构和基础设施，但城市生活的整体影响在根本上却是不可持续的，并对生态环境造成了负面影响，引发了社会矛盾和经济危机。尽管几十年来人们始终关注着可持续的问题，但是人类的发展已经被禁锢在了一个无法持续的路径中。可持续转型理论（Grin et al.，2010）要求城市从文化、社会结构和实践的角度进行更深层次、更基础性的转变。这种转变在本质上应当是"可持续的"。

　　越来越多的明显迹象表明，这种更深层次的变化正在发生。实现可持续发展所必需的科技在经历了几十年的试验之后逐渐成熟起来。在全球范围内，跨区域的转型网络正在形成，并衍生出诸多内在地具有可持续性的替代性系统，如辅助性货币、可再生能源、食品集散中心以及转型城镇等。在互联网的无限可能性、数据和知识的开放性与可得性，以及具有转型能力的企业家的推动下，全球所有的个体都在转型网络中连成一体。这种正在生成中的网络型社会以一种碎片化、去中心化和自治化的方式改变世界的整体面貌——这种方式不需要国际协商、地方合议或者自上而下的规划，而需要专注、创造力、坚持、耐心、努力等特质。我们认为这种人类革新力量可能成为推动可持续发展最有前景的助力。但是，现代城市自上至下的科层制机构体系、破败的基础设施和不可持续的能源系统、对外部资源的依赖以及不可持续的消费模式并不会轻易改变。这就是我们所谓的转型城市：那些散布于世界各地、以越来越快的速度试验和转化各种创新型可持续发展解决方案，但尚未形成协同的城市。

面对这一现实，城市需要新的治理和转型方法，以加速实现这些正在进行中的可持续转型。就如我们几十年来所了解的一样，如今的发展路径是难以持续的，现有的政策也是无法彻底改变这个现状的。发达国家越来越多地跨越可维系既有生产和消费活动的生态、社会和经济的边界，并引发了诸多问题。与通过提高效率、技术创新和监管干预来解决这些问题不同，转型研究（Rotmans et al.，2001；Grin et al.，2010）表明，不可预测、混乱的结构性变化将不可避免地发生。这种转型可能产生不太理想的未来，甚至是社会系统的崩溃，但同时，这种转型也为实现全球可持续发展目标提供了可能性。因此，转型治理（Loorbach，2010）被认为是增加可持续转型机会的一种方式，它能积极地预测和应对转型的动态变化。

1.2　城市的可持续转型

进入 21 世纪，全球城市人口有史以来首次超过农村人口（Seto et al.，2010）。目前，世界一半以上的人口生活在城市（Crosette，2010）。全球城市化的结果之一是：对能源、食品、水、建筑、垃圾处理、医疗、教育和其他基本公共服务的主要需求集中在城市及其周边地区。不可持续的社会技术系统在满足城市日益增长的需求的过程中产生了负面影响。在全球范围内，城市消耗的资源占社会总资源消耗的 75%（Madlener and Sunak，2011），城市也是温室气体排放的主要来源（Grimm et al.，2008）。总的来说，在与能源有关的温室气体排放中，城市的排放量至少占 70%。可持续性问题几乎存在于所有维系城市运营所需的社会技术体系中。同样地，在城市中也可以找到多数可持续与不可持续发展问题的源头。与之相反，城市也是可持续创新和社会进步的策源地。城市甚至可以被视为可持续发展的潜在"驱动力"（Rotmans et al.，2000），或可持续创新的前沿"枢纽"（Ernston et al.，2010；Bulkely et al.，

2012）。我们没有将城市视为集权化的官僚机构或静态实体，而是采用学界新近提出的概念，将城市定义为可持续发展问题中的多态自治实体（Burstrom and Korhonen，2001）。从此观点来看，城市在可持续性解决方案的创新中占据了先导地位。

尽管城市可能不是推进可持续转型的唯一场域，但城市至少在这一过程中扮演着两个重要角色：一是作为与可持续发展相关的社会技术系统开发与再造的"行动者"；二是作为为可持续发展创新供给场域等各种必要条件的"辅助者"（Geels et al.，2011）。通常而言，各行动主体可以通过落实各种政策实现可持续发展。从基层社区开始，拾级而上，重建整座城市的基础设施，甚至推动全球范围内更大规模的环境、社会和经济创新。这种认为城市是可持续转型的"行动者"和"场域"的观点并不新鲜。许多宏大的可持续发展倡议已经出现在普通城镇与大都市层面，如"市长盟约"和 C40 气候联盟。

从转型的角度来看，我们认为，尽管加快可持续发展进程的潜在动能确实存在，但城市并不能自动预测和适应这种可能性。更重要的是，当城市扮演起自己的角色时，迄今为止的"发展"政策似乎不足以引导城市以更快的速度朝着可持续发展方向进行更深入的系统性变革。虽然现有的发展政策增强了世界许多城市的经济和技术实力，但同时这些改变带来的全球消费水平、污染和温室气体排放水平也在持续上升。由此可见，常规的城市政策和城市治理结构过于注重直观的经济发展和标准化的技术解决方案，因此需要适应性和变革性的可持续性战略。可持续性通常仅在短期经济考量中占据主导地位，在政策考量中也居于一个相对独立的次要地位。由于缺乏足够的重视，可持续性发展充满不确定性，且成本高昂。显然，这需要大量的投资来重新构建城市的社会技术体系，以使城市机能的运转符合可持续发展的要求。不过，从转型的角度来看，无论转型的成本多么高昂，前景多么渺茫，从长远来看，不作为的代价总是更高。因为社会技术体系是嵌在社会中的，而社会又是嵌在环境中的（Giddings et al.，2002），长期以不可持续的模式运行，将不可避免地导致现有社会系统出现严重危机甚至崩溃。由于经济系统的运作有赖于社会技术系统与环境的可持续性，因此将短期经济目标放在决策的首要位置是短视的行为。

　　世界环境与发展委员会（WCED）也称布伦特兰委员会（Brundtland），于 20 世纪 80 年代提出了可持续发展的概念，标志着全球就当前发展道路的不可持续性问题达成了共识。WCED 将可持续发展定义为"满足当前需求而不损害后代满足自身需求的能力"（WCED，1987）。WCED 在 1987 年发布的报告与《增长的极限》等研究成果中一致认为，占主导地位的发展模式存在固有的不可持续性。尽管我们进行了近 30 年的研究和辩论，以界定、实施可持续发展，但我们仍被困在一条不可持续的道路上。因此，我们可以说，当前制度化形式的可持续发展已成为维持系统不可持续性的一部分（Loorbach，2014）。我们需要从根本上重新定义这一概念，并考虑如何将其付诸实践。而要做到这一点，我们首先要从寻找共识开始，同时也要找到使社会向内在可持续发展模式转变的种子，而不是不断实施"减少不可持续性"的渐进式变革。

　　无论是现在还是未来，在当地抑或是其他地方，可持续发展包含了社会、环境和经济的繁荣。这句话的确切含义因具体情况而异，人们的需要因历史、政治、经济、社会、生态环境的发展而异。在西方社会，不可持续性多表现为各种社会痼疾。这些痼疾的层次和影响范围不尽相同。其中既有全球性的气候问题，也有禽流感、疯牛病和口蹄疫等影响范围广泛的农业问题，还有国家层面的交通问题，如交通拥堵和空气污染等（Rotmans et al.，2007）。这些问题是复杂的，因为它们深深植根于社会结构和社会体制。问题的成因复杂多样，结果多样，其影响范围也远超特定的社会领域、人群和地域范围。

　　一个显而易见的例子就是我们当前能源系统的不可持续性及其对城市生活的影响。大多数历史上曾拥有自身能源供应体系的现代城市，如今都依赖开放市场中的国家电网和以化石燃料为动力的发电厂。城市的能源供应受到环境污染、原料价格波动和对外依存度的影响，但目前大多数城市没有特别好的方法去改变这种局面。长期以来，人们一直认为替代方案存在争议，或者规模太小，不足以取代当前的供给来源。现有的化石能源供应体系牵涉各方利益和风险控制，因此不能完全指望既得利益者主动进行结构性变革。现在许多城市正在大力开发新的城市能源解决方案，从提高能源利用效率到推广可再生能源技术，再到开发废热系统或智能电网，城市正在寻求基于化石燃料的集约能源系统以外的其他替代品。这使城市成为发展模式转型的重要推动者。在现实中，这是一个自发、无序的过程。不同城市根据当地环境、自身面临的挑战和发展潜力，探索不同的发展策略、解决方案和技术发展方向。在转型治理方面，发展可持续的能源系统不是一个可以提前规划和控制的过程，而是需要通过为自我组织、不断试验和学习创造空间而进行恰当的组织和推动的过程。

转型是一种在社会系统或子系统上的结构变化，是经济、文化、技术、生态和制度等不同方面共同发展后演化的结果。转型由许多系统变化组成。这些变化是超越组织体系本身的创新，从根本上改变了各类机构之间的关系，以及在某个领域（子系统）中的个体关系。这种社会层面上的转型可能需要两代人才能实现，并需要企业、政府等投入大量的努力。要使社会实现可持续发展转型，不仅需要新的管理模式，而且要考虑到更长周期、更多不确定性与复杂性以及多数人的利益。因此，转型与企业、科研机构、政府和非政府组织等主体的实践活动密切相关。学者们对转型的科学研究经过了多年的发展，形成了5种代表性的分析城市可持续转型的观点。

（1）利基驱动观点。关注城市微观层面的创新，这些创新有可能从根本上改变城市结构和社会实践，从而实现城市的可持续发展。这些变化是新颖的且在空间上是零散的，但它们的成本可能较高。

（2）多阶段观点。从整体和动态的角度理解转型的不同阶段（如开始—启动—稳固）以及转型过程中可以观察到的驱动力。

（3）共同演化观点。以一种渐进的方式理解长时间内环境和社会变化之间交互作用的概念工具。

（4）多元模式观点。政策、制度、技术和各参与主体都可以成为推动城市转型的动力，这些动力以不同方式交互组合构成了多元化的转型模式。

（5）多层次观点。不同的转型动力会在同一层次内或不同层次间交互影响的过程中推动城市转型。

　　总体上，以上 5 种代表性观点形成了城市转型分析的基础，并为具体城市寻找可行的转型治理策略提供了有价值的见解。上述转型观点的关键特征之一是它们注重多领域的渐进协同演化，而不是仅仅将视野局限于自上而下的主动转型。这些观点基于共通性理论，适用于特定的社会环境。区域空间驱动力、多阶段、共同演化、多元模式和多层次的概念在不同的社会系统研究中的具体内涵也不尽相同（Frantzeskaki and Loorbach，2010）。这使得它们可适用于不同的问题情境（如资源短缺、污染、气候变化、生物多样性缺失、废弃物处理等），特别是那些目前仍在发展、尚待观察的转型动力。这 5 种观点为建立一个具有前瞻性且可用于解决具体城市可持续发展问题的转型治理框架提供了理论基础。

1.3　城市可持续转型治理

　　从各种方面来说，城市都是最适合开展转型治理实践的场域。这既是因为多种转型动力都源于城市并在城市层面发挥作用，也因为参与转型的社会主体、转型实践以及不同转型路径的选择与城市存在密切关联。有观点指出，城市虽然受到发展不可持续问题的直接影响，但也因此成为创新试验可持续发展的理想场域。由此看来，城市是"转型机器"：它产生创新动力，加速大规模转型。从这个角度看来，一方面，城市是一个可以获取具体转型成果并将其转化为广义经验的场域，即便转型尝试不成功，失败的教训也不会被忽视；另一方面，我们也需要以批判的观点审视城市这一可持续转型实践的场域能否成为引发系统性变革的杠杆。

　　从转型治理的观点来看，城市中存在着许多且通常相互交织在一起的经济、技术和制度障碍，这些障碍会对城市可持续性创新行为和投资产生影响。这些障碍不仅使城市对现有的不可持续发展模式长期保持路径依赖，而且阻碍了城市解决未来的发展问题。这些障碍的主要特征之一便是城市在管理层面上仅关注那些指向特定职能部门且"有把握解决"的问题，并通过标准化的政策过程来解决这些问题（Loorbach and Rotmans，2010）。我们认为城市是一个复杂的自适应系统。也就是说，城市在很大程度上是个具有自组织能力、突变性和自适应性特征的系统。这些特性既会引发更多可持续发展的问题，也使城市有能力找出相应的治理对策（Nevens and Roorda，2014）。因此，常规政策试图解决的问题，如污染排放和交通拥堵，往往只是潜在系统性问题的表征。

在城市层面，我们所面临的挑战确实是严峻且持久的，但我们也不应忽视城市的全球性影响。为了解决城市可持续发展问题，我们对城市的认知需要超越目力所及的空间限制，因为某一全球性问题不会立即影响到城市街区层面。源于城市层面的全球可持续发展问题意味着不同国家、不同地区的管理机构无法凭一己之力完全解决这些问题。由于城市问题涵盖范围较广，所以我们需要一种可以收放自如、能从宏观到中观再到微观（反之亦然）审视问题的多层次方法。解决城市问题需要"自下而上"和"自上而下"相结合的创新举措。通过这种方式，城市可以作为可持续转型的推动者，对可持续发展的社会技术进行长期投资，为可能出现的更具可持续性的替代方案创造空间（Loorbach et al.，2010）。然而，由于全球问题超出了本地政策的影响范围，而且长期投资可能要跨越多届政府任期（甚至可能是几代人），所以现有的政策制定格局需要进一步改革，执政者不能抱着短视的心态制定政策。此外，由于全球问题很容易被普通市民认为"与己无关"，地方政府往往受到中央政府的过度节制，无法在地方层面有效应对全球性问题，所以需要更加注重政策制定格局问题（Bai，2007）。

与城市治理情境相适应的是，城市转型治理方法愈发被视为引导和推动城市转型的助力（Frantzeskaki and Loorbach，2010；Frantzeskaki et al.，2012；Jefferies and Duffy，2011；Loorbach et al.，2009；Vergragt and Brown.，2010；Wittmayer et al.，2015；Nevens and Roorda，2014）。转型治理方法提供了一些适用于具体城市环境的基本治理框架和具体政策工具。它提供了一种描述、分析和反映新兴转型治理过程和网络的方法，也可用于在现有实践的基础上主动开发转型角力场、开展转型试验和建构转型网络。虽然早期转型治理（Rotmans et al.，2001；Loorbach，2007）主要在部门层面或区域层面开展，但城市似乎天生就是转型治理的试验场。自 2001 年以来，转型治理的试验已经陆续在荷兰进行（在某种程度上也出现在其他西欧国家）。从根本上看来，这种方法主要源于通过概念化的方式将结构性社会转变视为转型：一个长期、多层次且不同阶段之间具有明显区分的转变过程。转型的概念（Rotmans et al.，2001；Geels，2002；Berkhout et al.，2004；Elzen et al.，2004；Meadowcroft，2005；Van der Brugge and Rotmans，2005）在不断演化。而今，转型被视为理解和分析社会结构性变化的动力。基于对变革动力的深入理解，转型治理为正在进行中的转型，使之向可持续化方向发展提供了一个基本出发点。

转型治理方法的关键因素是先行者间的关系网络。该网络具有如下功能：可以使转型的先行者对他们要面对的各种转型挑战和对未来的预期形成统一认知；制定得到先行者普遍认同的、可作为社会创新路线图的转型规划；作为创新先导，用于实施部分转型试验，并对转型进程进行监测、评估和调适。通过共同采取此类行动，不断加深参与者对其所参与的社会转型的整体理解，可以使上述关系网络在演化中更具灵活性和实用性。假以时日，这将使转型治理的参与者获得与既有权力体系中的行动者比肩的能力。

转型治理的意义在于完善从全球到不同国家再到具体城市的治理。要想推动全球性的可持续发展，就要开发替代性方案，能够正视（并应对）转型过程中出现的各种问题，做好高度复杂的多层次进度管理。机遇也会出现在这种自组织的动力当中。已有转型治理试验表明，这种新治理模式可以通过一种微妙、间接的方式影响转型的进程和方向。也就是说，通过完善转型定位、激发各政府部门中转型支持者的积极性，并在此过程中提出各种创新方法，最终可以实现转型目标。需要特别指出的是，城市中的不同管理者间的紧张关系也可以成为转型的驱动因素，这种动力与其他来自更广阔的社会转型动力保持着同步。

参考文献

Bai X (2007) Industrial ecology and the global impacts of cities. J Ind Ecol 11(2):1–6

Berkhout F, Smith A, Stirling A (2004) Socio-technical regimes and transition contexts. In: Elzen B, Geels FW, Green K (eds) System innovation and the transition to sustainability. Edward Elgar, Cheltenham

Bulkely H, Broto VC, Edwards G (2012) Bringing climate change to the city: towards low carbon urbanism? Local Environ 17(5):545–551

Burstrom F, Korhonen J (2001) Municipalities and industrial ecology: reconsidering municipal environmental management. Sustain Dev 9(1):36–46

Crosette B (2010) State of world population 2010: from conflict and crisis to renewal. United Nations Population Fund, New York

Elzen B, Geels FW, Green K (eds) (2004) System innovation and the transition to sustainability. Edward Elgar, Cheltenham

Ernston H, Van der Leeuw S, Redman C, Meffert D, Davis G, Alfsen C, Elmqvist T (2010) Urban transitions: on urban resilience and human-dominated ecosystems. AMBIO 39(8):531–545

Frantzeskaki N, Loorbach D (2010) Towards governing infrasystem transitions: reinforcing lock-in or facilitating change? Technol Forecast Soc Chang 77(8):1292–1301

Frantzeskaki N, Loorbach D, Meadowcroft J (2012) Governing transitions to sustainability: transition management as a governance approach towards pursuing sustainability. Int J Sustain Dev 15(1/2):19–36

Geels FW (2002) Understanding the dynamics of technological transitions: a co-evolutionary and socio-technical analysis. Universiteit Twente, Enschede

Geels F, Kemp R, Dudley G, Lyons G (2011) Automobility in transition? A socio-technical analysis of sustainable transport. Routledge, New York

Giddings B, Hopwood B, O'Brien G (2002) Environment, economy and society: fitting them together into sustainable development. Sustain Dev 10(4):187–196

Grimm NB, Faeth SH, Golubiewski NE, Remand CL, Wu J, Bai X, Briggs JM (2008) Global change and the ecology of cities. Science 319(5864):756–760

Grin J, Rotmans J, Schot J, Geels F, Loorbach D (2010) Transitions to sustainable development. Part 1. New directions in the study of long term transformative change. Routledge, New York

Jefferies C, Duffy A (2011) The SWITCH transition manual. University of Abertay, Dundee

Loorbach D (2007) Transition management. New mode of governance for sustainable development. PhD thesis. Erasmus University, Rotterdam

Loorbach D (2010) Transition management for sustainable development: a prescriptive, complexity-based governance framework. Governance 23(1):161–183

Loorbach D (2014) To transition! governance panarchy in the new transformation. DRIFT/EUR, Rotterdam

Loorbach D, Rotmans J (2010) The practice of transition management: examples and lessons from four distinct cases. Futures 42(3):237–246

Loorbach D, Frantzeskaki N, Meadowcroft J (2009) Discovering sustainability: a transition approach towards sustainable development. IHDP conference on governance and sustainability. Bonn, Germany

Loorbach D, Frantzeskaki N, Thissen W (2010) Introduction to the special section: infrastructures and transitions. Technol Forecast Soc Chang 77(8):1195–1202

Madlener R, Sunak Y (2011) Impacts of urbanization on urban structures and energy demand: what can we learn for urban energy planning and urbanization management? Sustain Cities Soc 1(1):45–53

Meadowcroft J (2005) Environmental political economy, technological transitions and the state. New Polit Econ 10(4):479–498

Nevens F, Roorda C (2014) A climate of change: a transition approach for climate neutrality in the city of Ghent (Belgium). Sustain Cities Soc 10:112–121

Rotmans J, Kemp R, Van Asselt M, Geels F, Verbong G, Molendijk K (2000) Transities & transitiemanagement: de casus van een emissiearme energievoorziening. ICIS/MERIT, Maastricht

Rotmans J, Kemp R, Van Asselt M (2001) More evolution than revolution: transition management in public policy. Foresight 3(1):15–31

Rotmans J, Loorbach D, Kemp R (2007) Transition management: origin, evolution, critique. DRIFT/Erasmus University Rotterdam, hdl.handle.net/1765/37240

Seto KC, Sánchez-Rodríguez R, Fragkias M (2010) The new geography of contemporary urbanization and the environment. Annu Rev Environ Resour 35:167–194

Van der Brugge R, Rotmans J (2005) Towards transition management of European water resources. Water Resour Manag 21(1):249–267

Vergragt PJ, Brown HS (2010) Managing urban transitions: visioning and stakeholder collaboration. A case study in transforming residential housing in Worcester. George Perkins Marsh Institute, proceedings of Sussex Energy Group conference: energy transitions, Sussex

WCED (1987) Our common future. University Press, Oxford

Wittmayer JM, Rok A, Roorda C, van Steenbergen F (2015) Governing sustainability: a dialogue between Local Agenda 21 and transition management. Local Environ. Online first. doi:10.1080/13549839.2015.1050658

| 第 2 章 |

城市转型治理：通过转型治理孕育新想法、新实践和新社会关系

茱莉娅·M.维特梅尔[①]　德克·洛巴赫[②]

【摘　要】　可持续发展转型给城市提出了超越传统规划和城市发展政策的新挑战。这样的转型需要更广泛的参与、更大的赋权和更多突破性策略，以引导和推进社会创新过程。转型方法提供了一套原则、框架、工具和处理方法，用于系统地分析、组织和促进这类社会学习和创新过程。十多年来，世界各地的研究者和政策实践者围绕"转型治理"开展研究，并在实践中运用转型理论。该方法的基础是将政策、科学、商业和社会领域的领军者聚集在一起，共同研讨复杂的综合转型挑战，制定社会集体转型目标和战略，并进行试点。在本章中，我们将重点介绍转型治理的不同要素——原则、框架、工具、方法及其在城市环境中的探索性应用。

---

① 茱莉娅·M.维特梅尔（Julia M. Wittmayer），任职于荷兰鹿特丹伊拉斯姆斯大学荷兰转型研究所，主要研究方向社会创新、可持续转型和可持续性治理等。
② 德克·洛巴赫，荷兰鹿特丹伊拉斯姆斯大学社会学系教授，伊拉斯姆斯大学荷兰转型研究所理事兼创始人之一，主要研究社会经济转型。

【关键词】探索性研究　过程方法　可持续转型　转型治理　城市环境

2.1　引言

在谈到城市与当地治理水平时，不得不提到 1992 年在里约热内卢举行的联合国环境与发展会议。该会议指出，"《21 世纪议程》中提出的许多亟待解决的问题与它们的解决方案都深深植根于各种地方性活动中"。因此，当地的治理水平成为该阶段左右可持续转型计划实施的重要环境因素。在之后的十年中，全球各地的城市、乡镇和街区制定了数以千计的关于可持续发展的"地方性 21 世纪议程"（ICLEI，2012）。目前，这些规划有些仍在实施中。而在欧洲，此类规划大多引发了负面效应或已经中止实施。这种特定的地方可持续发展规划的重要性逐渐降低，代之以更具包容性的地方政治氛围，是当前转型治理的理论和实践背景（Wittmayer et al.，2015）。

当前复杂多变的世界在社会结构上存在根深蒂固的问题，面临着多种因素共同作用的环境。在这一背景下，人们已经制订出许多治理方法。这些方法旨在解决"可持续转型的开放式和不确定过程"与"治理主体试图掌控这一进程的雄心"之间的冲突（Frantzeskaki et al.，2012b）。例如，适应性治理（Olson et al.，2006）、回应性治理（Voß et al.，2006；Grin et al.，2010）、转型治理（Loorbach，2007；Frantzeskaki et al.，2012 b）等治理理念被提出。这些治理理念针对的是多尺度的、复杂的、非线性的、不确定的、规范化的、动态的和具有路径依赖性的现实。在不同学科背景下，这些概念被进一步发展成更具体的方法，如授权设计（Leach et al.，2010）、战略机遇管理（Kemp et al.，1998；Schot and Geels，2008）、转型治理（Rotmans et al.，2001；Loorbach，2010；Frantzeskaki et al.，2012 b）等。本章主要聚焦于转型治理，将其视为治理的一种具体形态，并关注其近年来在城市中的具体实践。

在城市环境方面，我们特别关注城市在转型治理中应该考虑的若干特征，即个人、制度和空间的毗邻性以及多尺度和多领域互动（Loorbach and Shiroyama，2016）（见表2.1）。

转型治理的概念是在2001年关于荷兰第四次国家环境政策计划（the Fourth National Environmental Policy Plan）的科学政策辩论中首次被提出的（Rotmans et al.，2001；Kemp and Rotmans，2009；Loorbachand Rotmans，2012；Voß，2014）。在过去十年中，世界各地的研究者和政策实践者一直以"转型治理"的名义将转型规划付诸实践。这种方法的基础包括：① 把政策、科学、商业和社会领域的领军者聚集在一起，并使他们就复杂的转型挑战达成共识；② 形成统一的转型愿景并制定相应的策略；③ 试点实施战略性社会创新。

表 2.1 城市环境的特点

特 征	描 述
空间毗邻	与区域或国家相比，城市是空间距离更短的地方（Boschma，2005；Coenen et al.，2012；Raven et al.，2012）
多尺度交互	城市被建构并嵌于不同的空间尺度和网络中。这些尺度支持行动者实现他们的目标；在这一过程中，这些尺度被积极构筑起来并相互作用（Coenen et al.，2012；Nevens et al.，2013；Coenenand Truffer，2012）
多领域互动	城市是发生在不同领域的变革集中并进行互动的场域（Nevens et al.，2013）
个体毗邻	城市是人们获得个人、情绪和社会支持的生活环境，包括社会内嵌关系以及信任水平（与2005年波斯玛提出的"社会亲近"概念有关）
制度毗邻	不同城市都拥有正式规则和非正式规则，其中既包括（正式的）法律规章，也包括（非正式的）文化规范和习俗（Boschma，2005）

转型治理理论为研究人员提供了分析视角，使他们能够理解和分析历史上曾发生过的转型以及正在进行中的转型背后的动力（Mizuguchi et al.，2016；Shiroyama and Kajiki，2016；Frantzeskaki et al.，2014a；Brown et al.，2013）。这些概念还是构思城市向可持续方向发展的基础性变革，并将其付诸实践的强有力工具。本书将在后续章节对其进行详细介绍。这些概念可以

帮助那些致力于城市发展的人们了解他们面临的复杂工作任务，以及他们旨在影响和改变的复杂城市系统。以上概念同样有助于完善被城市变革者们所认同的长期规划，进而引导他们的短期行动（Hölscher et al.，2016；Frantzeskaki and Tefrati，2016；Krauz，2016；Wittmayer et al.，2014a，2014 b；Roorda et al.，2014）。在理论工作、探索性试验中，转型治理受到了挑战并得到进一步发展。理论贡献主要集中在通过将转型治理植根于具体理论（Rotmans and Loorbach，2009；Frantzeskaki et al.，2012b）或是批判具体领域（特别是权力、政治、政府组织等方面的问题）来发展转型治理理论。就后者而言，许多理论和实践工作都试图加深我们对权力关系和其他政治问题的理解（Smith et al.，2005；Shove and Walker，2007；Hendriks，2009；Avelino，2009；Kern and Howlett，2009；Meadowcroft，2009；Smith and Stirling，2010；Kern，2012；Jhagroe and Loorbach，2014）。这些理论贡献从"由谁统治""谁制定的框架（由系统、问题、目标、可持续性四个维度构成）得到认同""民主制度、当权者和强势话语之间的关系"的角度对转型治理面临的挑战进行了界定。一些挑战，例如对受欢迎的转变、技术系统和特定的关键参与者的狭隘关注，已经在最近的转型治理工作中得到解决。在探索与实践层面，转型治理已被应用于多个功能性领域，如能源（Verbong and Loorbach，2012）、水利（Van der Brugge et al.，2005）和交通（Avelino et al.，2012）等。直到最近，它才被用于分析和解决特定地理内系统（如城市、城镇和城市社区）的治理问题（Nevens et al.，2013；Nevens and Roorda，2014；Ferguson et al.，2013；Wittmayer et al.，2014b，2015；Wittmayer et al.，2014a，2014b）。

在概述方法论之后，我们通过概述其不同要素和这些要素在实践中的运用方式来详述城市环境中的转型治理。这些要素具体包括：① 转型治理的原则；② 这些原则在管理框架中的具体形态；③ 转型治理工具；④ 转型过程方法论（见图 2.1）。基于这一分析框架，我们综合剖析了城市环境特征及其对转型治理的意义。

2.2　方法论

本章内容基于我们在转型治理方面的工作经验和对城市背景下转型治理的文献回顾。本章的两位作者都曾参与转型治理实践，并对转型理论发展有一定的思考。我们的文献回顾包括了关于转型治理理论和实践基础的一般文献，以及转型治理在城市背景下应用的文献。与前者相关的文章是根据我们在该领域的经验选择的。这些文献主要用于展现转型治理的发展概况、不同要素（原则、框架、工具、过程方法）以及该理论所遭到的各种批判意见。关于城市背景下的转型治理应用文献则不多。通过使用 Scopus 和滚雪球法，我们可以找到一些关于城市背景下转型治理的发展、结果和前景的研究文献。通过回顾城市背景下转型治理的灰色文献，如项目报告，我们扩大了样本范围。在灰色文献方面，我们主要关注两个对转型治理概念化产生推动作用的欧洲项目：FP7资助的 InContext 项目（2010—2013 年）和 EU-Interreg 资助的 MUSIC 项目（2010—2015 年）。因为本章重点关注转型治理的应用，所以我们没有将跨学科领域的相关进展纳入本章的研究范围（Wiek，2007；Lang et al.，2012；Wiek et al.，2014）。

2.3　转型治理

在本节中，我们概述了转型治理的要素之一，即转型治理原则在转型治理框架中的转变以及转型治理工具和过程方法论方面的相关实践（见图 2.1）。对于每一项要素，我们首先对其进行概述，然后分析它们是如何在城市、城镇和社区背景下得到应用的。在此过程中，我们将转型治理分为探索性应用和实操性应用。前者主要将这些要素作为理解和解释治理过程的分析切入点，后者则描述了转型治理过程工具在建立可持续参与过程中的应用（Frantzeskaki et al.，2014b）。

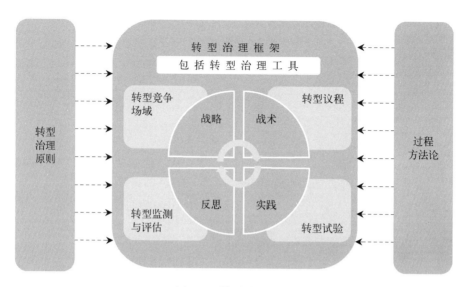

图 2.1　转型治理要素

2.3.1　转型治理原则

转型治理的概念自诞生以来，作为可持续转型的治理方法，已经在理论上得到进一步发展，并植根于复杂系统、治理和社会学理论（Loorbach，2007，2010；Rotmans and Loorbach，2009；Grin et al.，2010；Frantzeskaki et al.，2012 b）。基于将转型视为一个发生在复杂、自适应性系统中的长期、多层次、多阶段变化过程的观点，学者们制定了一系列治理原则。在肯普和罗特曼（2009）研究成果的基础上，洛巴赫（2010）提出了如下 9 条转型治理原则：

（1）系统中的各种动力产生了可行与不可行的管控方法，这意味着环境和过程是不可分割的。仅靠流程管理是不够的——深入了解系统如何运作是进行有效管理的必要前提。

（2）长期（至少 25 年）思考是在持续存在的社会问题的背景下制定短期政策的框架。这一概念要求回溯和预测：在长期目标的基础上制定短期目标，并通过使用情景模拟对未来发展进行预判。

（3）目标应该是灵活的，并在系统层面上是可调整的。系统的复杂性往往与具体目标的规划和计划蓝图相悖。在设定目标的同时，系统的结构和秩序也在发生变化，因此设定的目标也应随之变化。

（4）干预时机至关重要。面对已知和未知的危机，立即进行有效的干预是可能的。

（5）管理一个复杂的、自适应的系统，意味着要在失衡与平衡间来回切换。因此，相对较短的非平衡期提供了将系统引向一个理想方向的机会。

（6）为代理人创造空间以建立替代制度，这对创新而言至关重要。与制度有一定距离的代理人可以在一个受保护的环境中有效地创建新制度，以允许主导者为治理转型投入足够的时间、精力和资源。

（7）从"外部"管控社会系统使之走向可持续转型是低效的：行动者应该从社会"内部"进行引导和调整。

（8）关注社会转型中的行动主体的观点和潜在选择（通常需要相对广阔的社会博弈场域）是进行变革的前提。

（9）各利益攸关方的参与以及他们之间的互动，既是为转型政策争取支持的基础，也是行动者们通过社会学习重新解构问题并探索解决方案的基础。

按照以上这些原则，转型治理明确地将可持续转型视为在社会中进行探索、学习和试验的开放式过程。它特别关注创新和可持续性，因为"可持续发展意味着以渐进的方式不断创新以及重新定义现有的文化、社会结构和实践"（Frantzeskaki et al.，2012b）。这些原则为试验性的操作、分析和反思提供了基础。

起初，这些原则在功能系统和区域系统环境中逐渐形成，得到深入发展并获得了一定的经验基础（Loorbach et al.，2007），但这些原则并非是特别针对城市环境的。迄今为止，尚未出现对这些原则的反思或为适应城市环境而进行的调整（Frantzeskaki et al.，2014b）。本书的第三部分——综合与反思，根据本章的见解提炼了城市转型治理的附加原则，这也是本书的创新点（Wittmayer，2016）。

2.3.2　转型治理框架

图 2.1 将相对抽象的转型治理原则转变为转型治理框架，即转型治理周期。该框架将治理活动划分为如下 4 个层次（Loorbach，2007，2010）：

（1）战略层面的活动。此类活动主要从长期规划出发，旨在对未来进行集体讨论和规划，如战略愿景、长期目标（如制定集体目标和规范）。

（2）战术层面的活动。此类活动主要从中期和长期规划出发，旨在改变既有社会结构、制度、法规、基础设施和金融基础。

（3）实践层面的活动。此类活动多为短期活动，主要关注旨在尝试、运用、展示各种替代性想法、实践和社会关系的试验和行动。

（4）反思层面的活动。此类活动旨在了解系统的现状、内在动力、未来的可能状态以及从现在到未来的演进过程。这包括对当下的战略、战术和实践层面活动的集体性学习。

尽管这些活动在其他治理方法或政策模型中有迹可循，但不同之处在于以上这些活动关注的是社会发展过程中持续出现的问题、根本性的变化和创新，以及它们的规范方向（Frantzeskaki et al.，2012b；Loorbach，2010）。

这一框架已作为一种探索性的研究工具，用于理解和解释城市中正在进行的治理过程。如佛朗兹卡基等学者（2014）一直运用不同治理层次并将其作为映射框架的一部分。该框架主要用于分析鹿特丹市旧港区重建中的伙伴关系的治理逻辑。这一研究主要围绕两条轴线展开：各种伙伴关系形成的协同效应及其产生的影响以及不同伙伴关系在治理中起到的作用。该框架使识别不同层次的治理主体活动模式成为可能：这些治理主体与他们所处的更为广阔的环境的互动方式沿着特定方向产生驱动合力。从这一角度看来，每种治理活动都有不同的治理主体、治理工具、治理过程和组织逻辑。笔者的结论是，治理主体通过系统性的介入策略，积极寻找与现有转型治理模式融合的方法，有助于增强自身影响力，从而推动转型进程。这从以下两类治理活动得以印证：① 应用转型治理构想的价值（Frantzeskaki Tefrati，2016）；② 东近江市转型治理活动，尤其是反思活动在引领利基创新中的重要性（Mizuguch et al.，2016）。

2.3.3 转型治理工具

转型治理框架将许多工具与不同治理层次关联起来。该框架的周期性意味着战略层面的活动实施之后，必然跟随着战术层面和实操层面的活动，而整个周期则在对以上三者的反思中结束。而且，这个周期是不断迭代的（Loorbach，2010）。各种活动可以在不同的治理层次展开，例如某些活动发生在实操层面而不是战略层面（Van den Bosch，2010；Wittmayer et al.，2014a）。因此，不同实践和方法之间的相互作用方式，要比本书所能展示的更加丰富。

在战略治理层面上，所谓转型竞技场已经发展成一种过程工具。该工具用于引导和建构可持续转型的叙事体系。这同时也是一种场景或是"具有不同背景的先行者们的沟通网络"（Loorbach，2010）。先行者的选择主要基于他们迥异的社会价值观，现实条件下所能提供的构想、实践，以及社会关系等因素（Wittmayer et al.，2011）。随后，先行者们提出的愿景可能会在参与式学习过程中发生碰撞、融合（Van Buuren and Loorbach，2009）。该过程的一个实质性结果便是城市转型叙事，其中包括：得到普遍认同，并用以说明转型必要性的问题综述，包含可持续转型标准的新愿景以及转型构想与实现路径。这种叙事体系融入了现有的动力和话语体系，并创造了旨在影响变革方向的替代性前景和话语体系。这种叙事体系的基本思路是启发和激励社会创新，并激发出更广泛的社会转型活动（Loorbach，2007）。此外，叙事体系的产生过程还应当引领社会学习和二次学习，并借此鼓励参与者参与战术层面和实操层面的活动。下文会对此进行介绍。

战术治理活动包括将转型治理分成可实现的步骤或路线图，即转型治理议程。此类活动包括通过转型设想（Sondeijker，2009）或回推（Quist et al.，2011，2013）来探索结构性的障碍。回推会推动具体转型路径的探索与建构，并通过协商、合作和建立同盟使探索结果得到进一步发展（Frantzeskaki et al.，2012b）。有学者认为转型治理试验的目的是帮助人们学习如何遵循某一转型路径，将转型治理设想付诸实践。这种替代既存在于构思项目结构中出现的新选择，也可以通过完善现有和计划中的举措来实现（Van den Bosch and Rotmans，2008）。与常规项目相反，转型试验作为治理主体学习如何推动转型的起点，是一项面临诸多社会挑战的创新项目（Van den Bosch，2010）。为了评估和监测转型治理进程、不同治理层次及其交互关系和转型治理框架本身，治理反思活动需要贯穿始终。在反思时，城市基本框架和转型动力的变化得以被记录，现有工具得以被采纳，新的洞见得以形成。转型监督的目标不仅是搜集数据，还包括基于这些数据对转型过程进行干预（Taanman，2014）。

这些工具已在"城市转型实验室"的概念下针对城市环境进行了适应性转变（Nevens et al.，2013）。受跨学科动态实验室方法的启发，笔者将城市转型实验室视为城市中各种现象的聚集之地。在这里，全球的各种痼疾被转化为城市的具体特征，各个领域的转型相互作用，其运行规模也不断改变，并同时影响能源、交通、建筑环境、食品、生态系统等多个领域。这是一个灵活的、跨学科的综合性平台，为各类转型治理主体学习、反思和开发转型问题的替代性解决方案提供了空间。而这些方案在现有体制下通常不具备自明性。这种方法为树立系统思维方式、制定战略议程以及与之相关的短期行动计划、建立可持续转型的学习环境提供了保障（Nevens and Roorda，2014）。

这些转型治理的工具和基本原则推动了不同城市的转型治理发展。例如，荷兰海牙市为推动减排与环境友好运动采取了新的补贴方案（Avelino et al.，2011；Wittmayer，2014）。同时，转型治理也推动了日本"未来城市"新方案的出现（Wittmayer et al.，2016）。转型竞争过程（即对不同的转型方案择优选用的过程，译注）也被应用于探索性实践中。布朗等人（2013）为改善墨尔本的雨水水质而进行的治理活动也展现了转型治理的内涵以及其中的经验和教训。截至目前，转型治理的主要关注点一直是转型的前期开发阶段，其重点是对先行者进行赋权并为转型治理争取必要的空间。然而，转型治理的加速阶段则可能需要关注不同的方面以及对制度和政策环境有一定洞见。格林（2012）基于其在非城市环境——荷兰农业领域的研究，证明了以上观点。他发现，虽然先行者的行动的确可以加快转型进度，但尚不足以成事；要想真正完成转型，还需要更多团体的支持。不少学者不赞成通过选择性参与的方式来选择先行者，他们将通过这种方式产生的先行者团体称为"精英集团"（Smith and Stirling，2010），并指出这一团体在合法性与正当性方面存在不足（Hendriks，2009）。他们认为这种人为选出一小撮"精英"的机制是一种不合理的制度（Jhagroe and van Steenbergen，2014）。

2.3.4　转型治理过程方法论

近年来，为了在城市中运用相关的转型治理方法，相关研究者（Wittmayer et al.，2011；Frantzeskaki et al.，2012a）和地方政府（Roorda et al.，2014）均在过程方法论以及指导原则层面运用了适用于城市环境的转型治理框架和工具。在为不同的目标群体（研究人员、政策制定者）、不同的城市环境（社区、城镇、城市）以及不同的国家制定过程方法论时，治理主体对转型治理实操层面的理解不尽相同。尽管这些过程方法论在过程描述方面比其他关于转型治理的描述更加具体和详细，但它们仍然没有提供明确的实施方案，不同的方法需要针对城市环境中的特定转型挑战和问题进行调适（Nevens et al.，2013；Wittmayer et al.，2014b）。

例如，罗达等人（2014）将转型治理运用于应对城市气候变迁的实践中（见图2.2）。这种特定的过程方法是研究人员和政策制定者密切合作研发的，并作为欧盟关注气候变化的 MUSIC 跨区域资助项目（2010—2015 年）的一部分，在 5 个欧洲城市得以实施（Wittmayer et al.，2016）。该过程方法论在应用时可能会因城市政策制定者采取的不同干预措施而有所不同。上述干预措施包括如下 4 类（见图2.2）：

（1）导向型干预。此类干预相对于社会发展，更关注城市定位；相对于其他行动者，更关注市政当局。其特有的转型工具包括系统和行动者分析。

（2）规划型干预。此类干预侧重于从转型议程和实践整合的角度关注战术层面的治理活动，其特有的转型工具为转型议程。

（3）先导型干预。此类干预聚焦于实践、设立项目和试验。其特有的转型工具为转型试验。

（4）反思型干预。此类干预包括通过注重认知与经验方面的参与，来支持和保障社会学习过程。其特有的转型工具包括转型试验、监督和评估。

转型治理过程方法论将干预过程划分为若干个阶段：① 设定转型治理的情境；② 探索当地可用于推动转型的动力；③ 明确转型挑战；④ 构想可持续发展的城市；⑤ 将长期和短期转型规划相结合；⑥ 吸引人们持续地参与转型治理；⑦ 采取行动。这些阶段又与不同情境和行动者存在关联，这些情境和其中的行动者又会彼此交互，从而催生出替代性的观点、实践以及社会关系。就这种过程方法论本身而言，它也是一种适用于转型前期开发阶段的方法论。

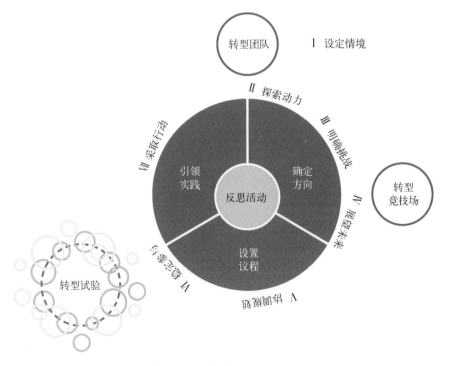

图 2.2　转型治理过程结构

转型团队、转型竞技场和转型试验（见图2.2）既是转型情境，也是转型行动者。作为转型情境，转型团队包括不同个体，如城市政策的制定者、城市中特定的潜在行动者或转型专家聚集在一起讨论在当前环境下城市转型的实施框架以及如何在实践中运用各种城市管理转型工具。作为行动主体，转型团队负责做好前期准备和引导实际的转型治理过程。转型竞技场作为行动者时，主要扮演着建构新的转型叙事和绘制转型路线图的角色；而其作为转型情境时，则是城市中的先行者讨论城市的未来和转型议程的场域。同理，各种转型试验既是解决已出现的转型挑战的尝试，也是由历经各种实际障碍的先行者和利益攸关方以及通过"将转型付诸实践"的变革推动者组成的情境。

在转型治理的实际应用中，这些过程方法已被付诸实践，用来组织城市、城镇和社区的情境化转型治理过程（Nevens and Roorda，2014；Roorda and Wittmayer，2014；Wittmayer et al.，2013，2014a，2014b；Fergurson et al.，2013；Frantzeskaki and Tefrati，2016；Hölscher et al.，2016；Krauz，2016）。这些转型治理实践表明，单一的转型治理路径并未成为"真正实现宏大的可持续管理转型目标的万能解决方案"（Nevens and Roorda，2014）。但转型治理的确在践行协同治理和系统思考方面提供了行动助力，并产出了更多其他无形的成果（Nevens and Roorda，2014），为新的想法、实践和社会关系的产生创造了空间，提供了保障（Wittmayer et al.，2014a；Roorda et al.，2014）。

从许多跨学科的转型治理著作中我们可以看到，可持续的规范性目标是如何制定的（Wittmayer et al.，2014a），能否得到权力机构的授权作为转型动力（Holsols et al.，2016），愿景在转型中扮演的角色（Frantzeskaki and Tefrati，2016），以及协调当地权力关系（Krauz，2016）等。城市管理过程表明，交互空间的确是可以人为制造的，但假定这些空间处于权力真空区的想法是不成熟的。特别是在市政当局组织这一过程（指通过公众参与创造交互空间，译注）的情况下，参与者重返其所习惯的社会角色和关系从而导致交流无效的风险较高（Roorda and Wittmayer，2014）。如果市政当局通过协商与公民建立联系，那么转型治理的第一步是将对彼此的期望转化为具体问题。通过转型试验（以角色互换的方式）来理解不同社会角色的意见表达与意见背后的内涵，对于这一过程来说必不可少（Wittmayer and van Steenbergen，2014；Wittmayer et al.，2014b）。在这方面，有著作也对研究人员在其中的作用进行了批判性反思（Wittmayer et al.，2014a；Wittmayer and Schäpke，2014）。

在被应用于实操层面之余，转型治理的过程方法论也被作为分析框架来分析现存的治理动力。城山英明和加治木申弥（2016）运用罗达等人（2014）提出的实操框架，分析北九州市是如何从行动者和转型情境的角度对转型竞技场、转型团队和转型试验进行界定，由此实现从工业城市转变为绿色城市的历史性转型的过程。

2.4 城市、城镇和社区的可持续治理转型的前景与挑战

虽然将转型治理探索性地应用于城市的确前途无量，例如借此可增进人们对多主体治理过程、城市空间嵌套结构和不同类型的行动者以及不同领域发展的相互关联性的理解。但迄今为止，转型治理在城市环境中的应用大多是特定领域的过程方法论在实操层面的应用。因此，本节在关注城市环境特征及其对城市转型治理过程的意义之前，我们首先关注城市转型治理在实操层面的前景和挑战。

2.4.1 转型治理在实操层面的前景与挑战

如前所述，城市转型治理并不是一帆风顺的，它处于不断变化发展中。因为任何系统的长期转型"都被证明是一个混乱、冲突和高度脱节的过程"（Meadowcroft，2009），所以城市转型治理不应被视为工具箱或万能解，而是"为了寻找实现协同创新的路径而对新型城市治理方式的探索活动以及对此类活动不断进行复盘和反思的过程"（Nevens et al.，2013）。总的来说，转型治理在实操层面所面临的挑战主要包括：审时度势地调整转型治理方法以应对特

定的社会挑战，对转型行动者群体特征的识别，选择恰当的时机和地点实施转型治理，转型治理能否适应现有政策制定与决策机制，转型治理是否具有持续的推动力，如何保持锐意进取，重视复盘与反思并确保转型治理有提升空间，关注政治和权力关系，以及转型治理的主导者能在何种程度上证明可持续发展的长期规范对当地的重要意义（Nevens and Roorda，2014；Wittmayer et al.，2014a，2015，2016；Roorda and Wittmayer，2014）。

罗达等人（2014）概括了转型治理在城市气候治理背景下的 3 项前景：① 为城市指明治理方向；② 推动地方变革；③ 通过集体赋能，使行动者们有能力应对挑战并抓住机遇。借由作为现行的常规政策过程、治理方案竞技场以及更广泛的社会运动和动力的补充，转型治理在实操层面的应用以跨领域的方式为替代性的思想、实践和社会关系的产生创造了交互空间（Wittmayer et al.，2014）。久而久之，以上要素的碰撞便可能改变既有的社会结构、文化和实践，或"以渐进的方式"改变现有政策。下文中，我们将运用思想、实践和社会关系间的差异来探讨转型治理在实际应用中的前景和挑战。

替代性思想是指对现有挑战的重构、设想替代性的长期发展方向和话语体系、能使参与转型的行动者们感受到转型的紧迫性并使他们在面对转型困难时化不可能为可能的叙事结构。这些新的思想和认识是通过深入的交流、对立观点的碰撞以及不同背景的人们之间的互动产生的。替代性叙事结构的创立可被视为一个"向一切假想、可能性和现实"开放的实践载体。通过参与创立关于可持续转型的叙事结构，我们打破了文化规范以及相关限制。事实表明，这种观念的内涵在于不断突破自身局限的可能性（Brockmeier，2009）。

在通过展望来探索可能性之余，转型治理还涉及为替代性实践活动创造空间——通过项目、试验和转型活动将想象付诸行动。相比传统意义上的试验，转型治理试验不是观察别人的做法并亦步亦趋地加以模仿，它是在一个有着多元行动主体的环境中，界定转型过程中的社会挑战，并通过"边做边学"的试验探寻合理的应对方式。通过采取行动，行动者们对结构性障碍进行识别并探寻应对之道，同时也重塑他们对于未来的想象（Van den Bosch，2010；

Taanman et al.，2012）。

从理论上来说，没有任何行动者居于主导地位或实际"管理"转型进程，这就导致转型治理被弃置一旁。例如，在各地制定的《21世纪议程》中，地方政府往往并不居于领导地位，其他城市行动者也被邀参与其中。与之相比，转型治理旨在促进由诸多行动者正在进行的活动汇集成的联合性社会探索和学习过程，并将其作为新的协同转型网络的起始点。因此，转型治理开辟了质疑替代性社会关系的途径。政策法规在转型治理中既是主体也是客体：它们既可以通过参与并推动转型治理从而成为重要主体，也可以被转型治理所改变，在转型治理中扮演新角色，并与其他行动者建立起新联系，从而成为转型治理的客体，即变革的对象。新转型主体的出现，也对现有社会关系网以及地方治理模式提出了质疑和挑战（Krauz，2016）。这与前文所涉及的社会关系类型以及其他方面的挑战直接相关。是谁根据怎样的议程推动这一转型治理过程？这些未知的行动者会将该过程引向怎样的结局？这一过程与当前的行动者们又有着怎样的关联？对以上问题的研究，通常要求研究者具备对自身在转型治理中所扮演的各种角色进行复盘与反思的能力（Wittmayer and Schapke，2014），具备运用既有假设与理论框架的能力和对具体的伦理与科学问题进行量化评价的能力。

2.4.2 城市环境与转型治理

回顾此前概述的城市环境特征（见表2.1），我们在此讨论这些特征对转型治理的实践意义。

1）空间毗邻

在城市中，行动者之间的空间距离通常比较短。城市中的行动者们在物理上相互毗邻。正如波斯玛（Boschma，2005）所言："地理距离相近使人们聚集在一起，有利于信息交流并促进隐性知识的交换。"对于实操层面的转型治理过程来说，这意味着行动者们与城市命运相连，有助于增进人们的地域认同感并创造共同的行动目标。在描绘空间层面的社会系统时，也存在误用行政区划的风险。例如社区在行政区划上的边界可能无法得到行动者的认同（Wittmayer et al.，2013）。因此，将研究的范围和规模纳入考量范畴对我们要讨论的问题而言非常重要。

2）多尺度交互

将城市视为由不同尺度嵌套而成的，意味着不论是探索型还是实操型转型治理，都需要考虑多尺度交互。这些尺度可以是国家或全球层面的，社区或街道层面的，或其他任何被认为彼此相关的地理尺度。城市及其行动者积极地建构这些彼此关联的尺度，并在运用它们支持自己实现自身目标的过程中使这些尺度发生交互（Coenen et al.，2012）。在转型治理的过程中，我们可以将这种交互视为双向通道，并加以利用。例如，城市可以参考欧盟标准的战略或泛欧条约，在深化自身碳减排目标的同时，绕过国家层面的治理。通过对特定事件的回应，某一城市不仅可以激励其他城市，而且也可以在国家和全球层面推动相应的立法机构实施新的立法。

3）多领域互动

在基于地域系统对转型治理活动进行描述时不能仅仅考虑单一领域发生的变革。事实上，转型治理活动是由不同领域的变革交互而成的。因此，基于地域空间的转型方法往往牵涉来自特定地域中的不同转型动力，这既增加了现有转型任务的复杂性，也为推进转型工作提供了诸多发力点。推进二氧化碳的减排工作意味着决策者不仅需要关注能源的供给和生产问题，还要在鉴别问题和展望未来时以总览全局的视角审视交通、水利、生活方式和旅游等领域的诸多问题。

4）个体毗邻

这一概念与社会亲近的概念有关（Boschma，2005）。城市、城镇和街区是人们生活的环境。人们更多以居民、父母、邻人的身份成为转型治理活动中的行动者，而不是像许多功能化系统转型治理过程那样，仅以职业身份参与其中。人们扮演着不同的社会角色，并有着明确的来自个体层面、情绪层面和社会层面的支持：他们在城市中生活，形成各类社会关系，所有这些关系都植根于城市这片土壤中，并伴随着某些期望以及责任。这使得城市转型治理成为那些想要通过可持续发展改善自身生活环境的人们的共同努力，既带来了权力斗争，同时也是个体对与自身密切相关的新角色以及新社会关系的探索活动。

5）制度毗邻

这一概念主要指人们因共同遵循法律规章、文化规范和社会习俗等正式和非正式制度而产生的亲近感（Boschma，2005）。不同城市在某些问题上的制度可能高度相似，如正式治理流程；而就其他问题来说，这种制度上的相似度则较低。转型治理活动旨在改变政府组织结构、文化和实践方式（Frantzeskaki et al.，2012b），这同样是一种致力于建构新的制度毗邻性的活动。为了实现以上目标，转型治理主体正从现有制度的边缘切入以推进相关工作（Coenen et al.，2012）。

2.5 结论

在过去几年中，基于转型治理的分析和干预已形成了一种用于发展替代性的思想、实践和社会关系的新方式。与此前的方式相比，这种方式更加系统，更能适应具体环境，更加行之有效。作为一种旨在优化既有系统的平衡力，转型治理通过加强替代性的转型动力、为行动者赋权来对当前不可持续的系统进行变革。鉴于环境和转型动力始终处于不断变化中，各城市的实际转型不断加速，开发新的治理机制的必要性也日益凸显（Loorbach，2014）。在那些已充分意识到转型的必要性或迫切性的环境中，替代性思想、实践正在扩散开来，而现有制度则处于崩解或调适之中。实现可持续转型的关键点在于通过自上而下的方式和正式的政策将转型过程中出现的新规则制度化，并停止向不可持续发展模式投入资源。要想做到后一点，有必要通过系统的方式破除障碍，并停止不可持续的做法。随着城市的可再生能源逐步取代化石燃料能源并占据主导地位，城市的相关政策在某个时刻需要创立一个将能源问题置于焦点位置的新规范，以逐步淘汰化石能源。现在看来，转型治理在未来十年面临的挑战主要是如何通过联络具有变革意向的政府管理者，理解、分析现有的社会结构并从中找到突破口，建立新的社会结构，随后通过相关行动终结现有的不可持续的发展模式，并开发替代性解决方案。

参考文献

Avelino F (2009) Empowerment and the challenge of applying transition management to ongoing projects. Policy Sci 42(4):369–390

Avelino F, Loorbach D, Wittmayer J (2011) Het Stimuleren van Duurzaamheid in de Stad. Een Onderzoeksadvies aan de Gemeente Den Haag [commissioned by Gemeente Den Haag]. DRIFT, Rotterdam

Avelino F, Bressers N, Kemp R (2012) Transition management as new policy making for sustainable mobility. In: Geerlings H, Shiftan Y, Stead D (eds) Transition towards sustainable mobility: the role of instruments, individuals and institutions, pp 33–52. Ashgate, Hampshire

Boschma RA (2005) Proximity and innovation: a critical assessment. Reg Stud 39(1):61–74

Brockmeier J (2009) Reaching for meaning: human agency and the narrative imagination. Theor Psychol 19(2):213–233

Brown RR, Farelly MA, Loorbach D (2013) Actors working the institutions in sustainability transitions: the case of Melbourne's stormwater management. Glob Environ Change 23(4):701–718

Coenen L, Truffer B (2012) Places and spaces of sustainability transitions: geographical contributions to an emerging research and policy field. Eur Plan Stud 20(3):367–374

Coenen L, Benneworth P, Truffer B (2012) Toward a spatial perspective on sustainability transitions. Res Policy 41:968–979

Ferguson B, Frantzeskaki N, Brown R (2013) A strategic program for transitioning to a water sensitive city. Landsc Urban Plan 117:32–45

Frantzeskaki N, Tefrati N (2016) A transformative vision unlocks the innovative potential of Aberdeen City, UK. In: Loorbach D, Wittmayer J, Shiroyama H, Fujino J, Mizuguchi S (eds) Governance of urban sustainability transitions, pp 53–72. Springer, Tokyo

Frantzeskaki N, Ferguson BC, Skinner R, Brown RR (2012a) Guidance manual: key steps for implementing a strategic planning process for transformative change. Dutch Research Institute for Transitions, Erasmus University Rotterdam. Monash Water for Liveability, Monash University, Melbourne. ISBN 978-1-921912-14-6

Frantzeskaki N, Loorbach D, Meadowcroft J (2012b) Governing transitions to sustainability: transition management as a governance approach towards pursuing sustainability. Int J Sustain Dev 15(1/2):19–36

Frantzeskaki N, Wittmayer J, Loorbach D (2014a) The role of partnerships in 'realizing' urban sustainability in Rotterdam's City Ports Area, the Netherlands. J Clean Prod 65:406–417

Frantzeskaki N, Bach M, Hölscher K, Wittmayer JM, Loorbach D (2014b) Ten years of transition management: taking stock and looking forward. Presented at the 5th international conference on sustainability transitions: impacts and institutions, Utrecht, 27–29 Aug 2014

Grin J (2012) The politics of transition governance in Dutch agriculture. Conceptual understanding and implications for transition management. Int J Sustain Dev 15(1/2):72–89

Grin J, Rotmans J, Schot J, i.c.w. Geels F, Loorbach D (2010) Transitions to sustainable development – part 1. New directions in the study of long term transformative change. Routledge, New York

Hendriks C (2009) Policy design without democracy? Making democratic sense of TM. Policy Sci 42(4):341–368

Hölscher K, Roorda C, Nevens F (2016) Ghent – fostering a climate for transition. In: Loorbach D, Wittmayer J, Shiroyama H, Fujino J, Mizuguchi S (eds) Governance of urban sustainability transitions, pp 95–115. Springer, Tokyo

ICLEI (2012) Local sustainability 2012: taking stock and moving forward, Global review, ICLEI global report. ICLEI, Freiburg

Jhagroe S, Loorbach D (2014) See no evil, hear no evil: the democratic potential of transition management. Environ Innov Soc Transit 15:65–83

Jhagroe S, van Steenbergen F (2014) Van koploper naar koplopen: een pleidooi voor inclusief leiderschap. Drift essay 2014.04. Online at: http://www.drift.eur.nl/?p=262. Jan 2015

Kemp R, Rotmans J (2009) Transitioning policy: co-production of a new strategic framework for energy innovation policy in the Netherlands. Policy Sci 42:303–322

Kemp R, Schot J, Hoogma R (1998) Regime shifts to sustainability through processes of niche formation: the approach of strategic niche management. Tech Anal Strat Manag 10(2):175–196

Kern F (2012) The discursive politics of governing transitions towards sustainability: the UK Carbon Trust. Int J Sustain Dev 15(1/2):90–105

Kern F, Howlett M (2009) Implementing transition management as policy reforms: a case study of the Dutch energy sector. Policy Sci 42(4):391–408

Krauz A (2016) Transition management in Montreuil: towards perspectives of hybridization between 'top-down' and 'bottom-up' transitions. In: Loorbach D, Wittmayer J, Shiroyama H, Fujino J, Mizuguchi S (eds) Governance of urban sustainability transitions, pp 137–154. Springer, Tokyo

Lang DJ, Wiek A, Bergmann M, Stauffacher M, Martens P, Moll P, Swilling M, Thomas C (2012) Transdisciplinary research in sustainability science – practice, principles and challenges. Sustain Sci 7(suppl 1):25–43

Leach M, Scoones I, and Stirling A (2010) Dynamic Sustainabilities: technology, environment, social justice. Earthscan, Oxon

Loorbach D (2007) Transition management. New mode of governance for sustainable development. PhD thesis, Erasmus University, Rotterdam

Loorbach D (2010) Transition management for sustainable development: a prescriptive, complexity-based governance framework. Governance 23(1):161–183

Loorbach D (2014) To transition! Governance panarchy in the new transformation. DRIFT/EUR, Rotterdam

Loorbach D, Rotmans J (2012) Transities en transitiemanagement. Oorsprong, status en toekomst. E2012.01. DRIFT, Rotterdam

Loorbach D, Shiroyama H (2016) The challenge of sustainable urban development and transforming cities. In: Loorbach D, Wittmayer J, Shiroyama H, Fujino J, Mizuguchi S (eds) Governance of urban sustainability transitions, pp 3–15. Springer, Tokyo

Meadowcroft J (2009) What about the politics? Sustainable development, transition management, and long term energy transitions. Policy Sci 42(4):323–340

Mizuguchi S, Ohta K, Beer PJ, Yamaguchi M, Nishimura T (2016) Interactions among multiple - niche-innovations and multi-regimes: the case of the "welfare mall" in Higashiomi. In: Loorbach D, Wittmayer J, Shiroyama H, Fujino J, Mizuguchi S (eds) Governance of urban sustainability transitions, pp 73–93. Springer, Tokyo

Nevens F, Roorda C (2014) A climate of change: a transition approach for climate neutrality in the city of Ghent (Belgium). Sustain Cities Soc 10:112–121

Nevens F, Frantzeskaki N, Loorbach D, Gorissen L (2013) Urban transition labs: co-creating transformative action for sustainable cities. J Clean Prod 50:111–122

Olsson P, Gunderson LH, Carpenter SR, Ryan P, Lebel L, Folke C, Holling CS (2006) Shooting the rapids: navigating transitions to adaptive governance of social-ecological systems'. Ecol Soc 11(1):18

Quist J, Thissen W, Vergragt P (2011) The impact and spin-off of participatory backcasting after 10 years: from vision to niche. Technol Forecast Soc Chang 78(5):883–897

Quist J, Wittmayer JM, van Steenbergen F, Loorbach D (2013) Combining backcasting and transition management in the community arena. In: Quist J, Wittmayer J, Umpfenbach K, Bauler T (eds) Pathways, transitions and backcasting for low-carbon and sustainable lifestyles. Sustainable consumption transitions series, issue 3. Proceedings of SCORAI Europe & InContext workshop, 7–8 Oct 2013, Rotterdam. Online available at: http://www.incontext-fp7.eu/sites/default/files/Proceedings%20InContext%20SCORAI%20Quist%20etal%20p33-54.pdf

Raven R, Schot J, Berkhout F (2012) Space and scale in socio-technical transitions. Environ Innov Soc Transit 4:63–78

Roorda C, Wittmayer J (2014) Transition management in five European cities – an evaluation. DRIFT, Erasmus University Rotterdam, Rotterdam

Roorda C, Wittmayer J, Henneman P, van Steenbergen F, Frantzeskaki N, Loorbach D (2014) Transition management in the urban context. Guidance manual. DRIFT, Erasmus University Rotterdam, Rotterdam

Rotmans J, Loorbach D (2009) Complexity and transition management. J Ind Ecol 13(2):184–196

Rotmans J, Kemp R, Van Asselt M (2001) More evolution than revolution: transition management in public policy. Foresight 3(1):15–31

Schot J, Geels FW (2008) Strategic niche management and sustainable innovation journeys: theory, findings, research agenda, and policy. Tech Anal Strateg 20(5):537–554

Shiroyama H, Kajiki S (2016) Case study of eco-town project in Kitakyushu: tension among incumbents and the transition from industrial city to green city. In: Loorbach D, Wittmayer J, Shiroyama H, Fujino J, Mizuguchi S (eds) Governance of urban sustainability transitions, pp 117–136. Springer, Tokyo

Shove E, Walker G (2007) CAUTION! Transitions ahead: politics, practice, and sustainable transition management. Environ Plan A 39:763–770

Smith A, Stirling A (2010) The politics of social-ecological resilience and sustainable socio-technical transitions. Ecol Soc 15(1):11

Smith A, Stirling A, Berkhout F (2005) The governance of sustainable socio-technical transitions. Res Policy 34:1491–1510

Sondeijker S (2009) Imagining sustainability: methodological building blocks for transition scenarios. PhD thesis, Erasmus University Rotterdam, Rotterdam

Stirling A (2008) Opening up and closing down: power, participation and pluralism in the social appraisal of technology. Sci Technol Hum Values 33(2):262–294

Taanman M (2014) Looking for transitions. Monitoring approach for sustainable transition programmes. PhD thesis, Erasmus University Rotterdam, Rotterdam

Taanman M, Wittmayer JM, Diepenmaat H (2012) Monitoring on-going vision development in system change programmes. J Chains Netw Sci 12(2):125–136

United Nations Conference on Environment and Development (1992) Agenda 21. UNCED, New York. Available from: http://sustainabledevelopment.un.org/content/documents/Agenda21.pdf. Accessed 18 Feb 2014

Van Buuren A, Loorbach D (2009) Policy innovation in isolation. Conditions for policy-renewal by transition arenas and pilot projects. Public Manag Rev 11:375–392

Van den Bosch S (2010) Transition experiments: exploring societal changes towards sustainability.

Doctoral dissertation, Erasmus University Rotterdam, Rotterdam

Van den Bosch S, Rotmans J (2008) Deepening, broadening and scaling up. A framework for steering transition experiments. KCT essay #02. Knowledge Centre for Sustainable System Innovations and Transitions (KCT), Delft and Rotterdam

Van der Brugge R, Rotmans J, Loorbach D (2005) The transition in Dutch water management. Reg Environ Chang 5:167–176

Verbong G, Loorbach D (eds) (2012) Governing the Energy Transition. Reality, Illusion or Necessity? Routledge, New York

Voß JP (2014) Performative policy studies: realizing "transition management". Innov Eur J Soc Sci Res 27(4):317–343

Voß JP, Bauknecht D, Kemp R (2006) Reflexive governance for sustainable development. Edward Elgar, Cheltenham/Northampton

Wiek A (2007) Challenges of transdisciplinary research as interactive knowledge generation – experiences from transdisciplinary case study research. GAIA 16(1):52–57

Wiek A, Talwar S, O'Shea M, Robinson J (2014) Towards a methodological scheme for capturing societal effects of participatory sustainability research. Res Eval 23(2):117–132

Wittmayer J (2014) Creating a sustainability movement in The Hague, The Netherlands. In: Wittmayer J, Roorda C, van Steenbergen F (eds) Governing urban sustainability transitions – inspiring examples. DRIFT, Rotterdam, pp 68–73

Wittmayer J (2016) Insights and lessons for the governance of urban sustainability transitions. In: Loorbach D, Wittmayer J, Shiroyama H, Fujino J, Mizuguchi S (eds) Governance of urban sustainability transitions, pp 157–173. Springer, Tokyo

Wittmayer JM, Schäpke N (2014) Action, research and participation: roles of researchers in sustainability transitions. Sustain Sci 9(4):483–496. doi:10.1007/s11625-014-0258-4

Wittmayer J, van Steenbergen F (2014) Researching roles in transition: a case study. Paper presented at the 9th international conference in interpretive policy analysis. Governance and beyond: knowledge, technology and communication in a globalizing world, Wageningen, 3–5 July, 2013

Wittmayer J, van Steenbergen F, Quist J, Loorbach D, Hoogland C (2011) The community arena: a co-creation tool for sustainable behaviour by local communities. Methodological guidelines. Deliverable 4.1, InContext: EU ENV.2010.4.2.3-1 grant agreement n° 265191. Online available here: http://www.incontext-fp7.eu/sites/default/files/D4-1_Methodological%20guide lines_final.pdf

Wittmayer J, van Steenbergen F, Baasch S, Feiner G, Mock M, Omann I (2013) Pilot projects rounding up. Year 3 pilot-specific report. Deliverable 4.4. InContext: EU ENV.2010.4.2.3-1 grant agreement n° 265191. Online available here: http://www.incontext-fp7.eu/sites/default/files/Pilot%20projects %20rounding%20up%2C%20Year%203%20Pilot-Specific%20Report.pdf

Wittmayer JM, Schäpke N, van Steenbergen F, Omann I (2014a) Making sense of sustainability transitions locally. How action research contributes to addressing societal challenges. Crit Policy Stud 8(4):465–485

Wittmayer J, Roorda C, van Steenbergen F (eds) (2014b) Governing urban sustainability transitions: inspiring examples. DRIFT, Rotterdam

Wittmayer JM, Rok A, Roorda C, van Steenbergen F (2015) Governing sustainability: a dialogue between Local Agenda 21 and transition management. Local Environ. doi:10.1080/13549839. 2015.1050658

Wittmayer J, Mizuguchi S, Rach S, Fujino J (2016) City networks for sustainability transitions in Europe and Japan. In: Loorbach D, Wittmayer J, Shiroyama H, Fujino J, Mizuguchi S (eds) Governance of urban sustainability transitions, pp 37–50. Springer, Tokyo

| 第 3 章 |

欧洲和日本可持续发展转型的城市网络

茱莉娅·M.维特梅尔 ①　水口悟 ②　莎拉·拉赫 ③　藤野纯一 ④

【摘　要】　在欧洲和日本，旨在支持城市共同应对可持续发展挑战的城市网络已经出现。本章我们介绍了 4 种这样的城市网络：欧洲的"城市减压：创新城市解决方案"（Mitigation in Urban Areas：Solutions for Innovative Cities，MUSIC）以及日本的生态型城市、"未来城市"倡议、绿色和地方自治型城市。完成网络建设的城市面临着减少二氧化碳排放量、在城市规划过程中整合可持续发展力量以及应对人口变化等诸多挑战。虽然这些城市网络有着相似的目标，但它们的组织形态千差万别，由此展现出的通过城市网络动员集体行动以应对可持续转型挑战的可能性也不尽相同。MUSIC 项目是欧洲城市和欧洲西北部研究机构之间的合作项目。该项目的目标是在 2030 年前，将欧洲的 5 个伙伴城市——阿伯丁、蒙特勒伊、根特、路德维希堡和鹿特丹的碳排放量降低 50%。

---

① 茱莉娅·M.维特梅尔，任职于荷兰鹿特丹伊拉斯姆斯大学荷兰转型研究所，主要研究方向社会创新、可持续转型和可持续性治理等。

② 水口悟（Satoru Mizuguchi），日本环境论坛记者。

③ 莎拉·拉赫（Sarah Rach），任职于荷兰鹿特丹伊拉斯姆斯大学荷兰转型研究所。

④ 藤野纯一（Junichi Fujino），日本国立环境研究所研究员。

日本的生态型城市、"未来城市"倡议、绿色和地方自治型城市项目则关注科技、服务和商业模式的创新以及城市的社会经济和实体结构，并使它们能够更好地适应未来发展。以上 4 种城市网络相互借鉴，以使自身的发展道路更具可持续性。

【关键词】 城市网络 学习 低碳社会 可持续发展

3.1 可持续发展的城市网络

长期以来，世界各地的城市彼此之间保持着富有成效的交流，而贸易关系在其中发挥了特别的作用。在 20 世纪初，城市间出现了另一种联系，这种联系以建立更美好的世界这一共同目标为基础。例如，第二次世界大战后，为了增进相互理解，城市间开始缔结友好关系（Zelinsky，1991），或建立合作关系以共同面对可持续发展挑战（ICLEI，2012）。这种友好关系和合作关系得到了不同国家和跨国组织的支持，例如欧洲城市与地区委员会、地方政府国际联盟、倡导地区可持续发展国际理事会、欧洲城镇可持续发展运动以及联合国环境规划署（Zelinsky，1991；ILLI，2012）。因此，不同国家和国际组织、协会长期以来都在构建相互间的纽带，以创立一个更可持续的世界。

本章我们介绍了 4 种欧洲和日本的城市网络：欧洲的"城市减压：创新城市解决方案"，日本的生态型城市（the Eco-model City）、"未来城市"倡议（"Future City" Initiative，FCI）以及绿色和地方自治型城市（the Green and Local Autonomy Model City）。这些城市网络旨在通过可持续转型来帮助城市走向可持续发展的未来。这些城市网络的目标是帮助城市应对可持续发展过程中遇到的挑战。这些挑战是多方面的，具体包括减少二氧化碳排放量、如何在城市规划过程中融入可持续性以及人口结构变化等。虽然这些城市网络有着相似的目标，但它们的组织形态却千差万别，由此展现出的在城市层面通过城市网络动员集体行动，以应对可持续转型挑战的可能性也不尽相同（见表 3.1）。

表 3.1　城市网络概览

	城市减压：创新城市解决方案	生态型城市	"未来城市"倡议	绿色和地方自治型城市
发起方	欧盟	日本政府	日本政府	日本政府
资助方	欧盟以及网络中的合作方	日本政府及网络中的合作方	日本政府及网络中的合作方	日本政府及网络中的合作方
资助金额	2 810 714 欧元（由欧洲城市和地域发展基金会、城市和研究机构共同出资）	该项目未列入内阁办公室预算，政府机构资助了部分项目，但具体金额不详	1 000 000 美元（列入内阁办公室预算，外加各参与城市、市民和企业出资）	每个参与城市各出资 30 000 美元（列入总务省预算，外加各城市额外投入、市民和企业出资）
资助周期	2009—2014 年，项目计划将于 2013 年其资助期延长一年，于 2013 年 11 月获得批准	2008—2012 年，2012—2013 年该项目增加了部分参与城市	政府资助期为 2012—2013 年	政府资助期为 2011 年
合作伙伴	参与城市：阿伯丁、蒙特勒伊、路德维希堡、根特、鹿特丹；研究机构：伊拉斯姆斯大学荷兰转型研究所、享利·都铎研究所	下川、带广（北海道）、千代田、横滨、饭山、富山、京都、坂井（本州）、梼原（四国）、北九州、水俣（九州）、宫古岛（日本南部小岛）	下川、釜石、气仙（郡）、岩沼、新城、东松山、南相马、富山、北九州、横滨、柏市、气仙（本州）[下川、釜石、气仙（郡）、岩沼、新城、东松山、南相马在福岛地震中遭受重创]	八户、远野（本州东北部）、东近江（本州）
项目范围	西北欧	日本全境	日本全境	本州岛范围内

续　表

	城市减压：创新城市解决方案	生态型城市	"未来城市"倡议	绿色和地方自治型城市
是否具有开放性	自欧盟批准延长资助后，该项目已经不再对其他城市开放	项目首轮选择了 13 个试点城市，另有 40 个左右的城市在 2016 年参与下一轮选拔	有 11 个城市参与该项目，截至 2016 年，参加该项目的城市增加到 20 个左右	该项目已不再接受其他城市加入
目　标	该项目主要关注能源挑战，计划到 2050 年前，将参与城市的碳排放总量降低 50%	验证关于低碳社会的构想	致力于应对环境问题、过度老龄化和绿色增长等挑战，并向国际社会推广自身经验	验证关于地方自治与绿色增长的构想
举　措	①为交流与学习创造空间；②发展适合城市环境的转型治理；③开发适用于城市能源规划的地理信息系统（GIS）工具和组件；④在合作城市中应用转型治理；⑤在合作城市中应用地理信息系统工具和组件	①设定整体城市规划目标；②为交流与学习创造空间；③运用评估方法和指标制订行动计划；④推广成功的实践经验	①设定整体城市规划目标；②为交流与学习创造空间；③通过组织和参与各种会议进行国际化宣传	①组织地方自治绿色发展的最佳实践；②为交流与学习创造空间
科学/转型思想在其中的作用	转型思想在项目中得到明确应用，转型治理也作为规范方法在 5 个参与城市中得到应用	转型思想未得到明确应用，但部分城市自发设立了转型竞技场	转型研究学者在一次国际会议上引入了各种转型思想，对整个项目产生了影响	转型思想未得到明确应用，但部分城市自发设立了转型竞技场

通过为正式与非正式学习提供空间，以上城市网络帮助参与其中的城市应对各种可持续发展挑战。这种学习包括从既有观点和新观点中获取洞见，在不同政府内部交换正式与非正式的实践经验，探索和试验各种应对可持续发展挑战的新路径、新方法与新工具。这种学习也推动了转型工具和转型路径的深化发展，例如 MUSIC 网络中的地理信息系统（GIS）和适用于城市环境的转型治理路径。

本章基于笔者的实践经验和对此类城市网络的直接或间接文献研究。本章的第一作者作为研究员参与了这些城市网络建设，第二作者是"未来城市"倡议"愿景会议"的非官方参与者，第四作者是"未来城市"倡议选拔委员会的学术顾问。本章介绍了这些城市网络的概况（见表 3.1），包括其资助条件、基本原则以及它们在支持参与城市实现自身转型目标的过程中所扮演的角色。3.2 节介绍了欧洲的城市网络，3.3 节中介绍了日本的城市网络，3.4 节介绍了既作为以上各城市网络的组成部分，也作为本书案例的 5 个城市——阿伯丁（Frantzeskaki and Tefrati，2016）、东近江（Mizuguchi et al.，2016）、根特（Hölscher et al.，2016）、北九州（Shiroyama and Kajiki，2016）和蒙特勒伊（Krauz，2016）的概况。

3.2　欧洲的 MUSIC 网络

欧洲合作与区域政策（European Cohesion and Regional Policy）的政策工具之一便是旨在促进和资助城市、区域和网络之间合作的欧盟阶段性资助计划。它按照资助阶段和合作类型划分资助对象。从 2007 年到 2013 年，不同区域间的跨国合作得到了加强，其中一个区域便是西北欧地区。欧洲区域发展基金（European Regional Development Fund，ERDF）共投资了 3.55 亿欧元用以"促进西北欧地区的经济、环境、社会和区域未来的发展"，并以此推动欧盟经济提振的十年计划——EU2020 目标的实现。

根据该战略，欧盟应在综合考量各方面的情况下，通过深入发展低碳经济实现经济可持续增长。而 MUSIC 项目便是在那些致力于实现该目标的新区域实施的受资助项目之一。它是由荷兰转型研究所（Dutch Research Institute for Transitions，DRIFT）和卢森堡的亨利·都铎（Henri Tudor）研究所支持的，在 5 个欧洲城市——阿伯丁、蒙特勒伊、根特、路德维希堡和鹿特丹开展的跨国项目。起初，除了各研究机构和参与城市共同撰写了一份资助方案外，项目没有其他任何遴选参与对象的流程。该项目从 2010 年持续到 2015年，总预算约为 281 万欧元。这笔预算一半来自上文提到的阶段性资助计划，另一半则来自参与项目的城市和相关研究机构。这笔经费主要用于之后会提到的 3 类活动，其中大部分则用于推行先导型项目。

受欧盟"在 2020 年将二氧化碳排放量减少 20%"目标的影响，这一由各参与城市和研究机构结成的网络计划在 2030 年将 5 个参与城市的碳排量减少50%，以兑现以上城市在"市长盟约"中的承诺，并展现它们实现可持续发展的雄心。

为了实现以上目标，这些城市将二氧化碳减排作为其城市规划的组成部分。MUSIC 项目主办方计划通过 3 种方式帮助参与城市实现这一转变。首先，以上城市开展了转型治理活动，并通过与来自不同背景的城市变革利益攸关方接洽，制订了当地的可持续发展愿景与行动计划。其次，新型地理信息系统（Geographic Information System，GIS）工具的升级，使得智能化城市能源规划成为可能。通过输入不同模组，系统便可以自动计算出所有城市的碳减排挑战、可行方案以及可再生能源生产规划。以上两类活动主要聚焦于地方合作创新以及数据使用，并得到第三类活动——先导型项目的支持。该项目主要通过实际举措减少学校、社区中心等公共建筑物的碳排量。

MUSIC 项目不仅在城市内部，而且在网络内部以及城市之间为各参与城市开拓了互相学习的空间（Roorda，2013）。部分学习活动，如跨国网络会议，由项目领导委员会组织协调。这些学习活动也发生在对市政官员进行转型治理和应用 GIS 工具的培训中。此外，MUSIC 项目方组织了中期会议、末期会议和转型治理研讨会，其成果对外共享，这使得其他没有参与项目的城市也能学习该项目开发的各种路径和方法。

从 2010 年到 2015 年，MUSIC 项目参与城市每半年都会举行一次跨国网络会议。这些会议的目的在于围绕转型治理方法和 GIS 工具开发进行国际经验交流（Roorda，2013）。会议内容包括转型治理与 GIS 工具的培训讲习，并为与会城市代表展示自身经验和学习彼此的经验提供机会。此类会议还会提出特定的实践问题和理论疑问，通过分析、解答这些疑问，不论是最新的转型治理方法还是 GIS 工具，都可以得到进一步发展，使其更加适应城市转型的应用环境。

每个参与 MUSIC 项目的城市都配备了一名来自鹿特丹伊拉斯姆斯大学荷兰转型研究所的专职指导员，以帮助各地市政官员根据其所在城市的实际情况因地制宜地实施转型治理。在转型治理实施之初的密集指导阶段，这些指导员会频繁地造访被指导的城市。不同于一次性的参与过程，运用转型治理方法意味着在更广阔的范围内学习感知城市及其所面临的挑战的新方法，并在这一新视域下采取行动。例如，接受模糊性、不确定性和复杂性，并将这些特性视为城市治理的机遇而非阻碍。而这也是一个寻找更系统的城市可持续规划的学习过程。类似的方法也被市政官员和亨利·都铎研究所的专家们用于开发适用于不同城市的 GIS 工具和组件。例如，某一座城市可能专注于开发能源缺口与需求量分析的可视化工具，而另一座城市则专注于研究热岛效应识别工具。

除了半年一次的跨国网络转型研讨会以外，MUSIC 项目参与城市均设立了"转型竞技场"。作为转型治理的核心工具，"转型竞技场"是一个非正式、精心建构的空间，主要为观点各异的城市变革利益攸关方代表们提供一个验证其转型构想的环境（Wittmayer and Loorbach，2016）。在该环境中，各变革利益相关方的代表们分析他们的城市所面临的挑战，对可持续发展的未来进行展望，提出转型路径并实地开展转型试验。在这一过程中展现出的创意、各参与方之间建立起的联系已被证明是一片沃土，从中可以产生可持续发展城市所需的进阶策略、创新与合作。不同城市在这一过程中的经验交流也被证明是富有价值的。

3.3　日本的 3 个低碳城市网络

在 21 世纪的第一个十年结束时，人们对气候变化的认识日益深刻。2007
年，联合国政府间气候变化专门委员会（IPCC）获得了诺贝尔和平奖。一年
之后，在日本召开了 G8 峰会，气候变化成为该会议的中心议题之一。《京都
议定书》的第一个履约周期是 2008 年至 2012 年。由于该协议的减排力度远不
足以应对气候变化，2009 年，《联合国气候变化框架公约》第 15 次缔约方会
议（也称哥本哈根世界气候大会，COP 15）召开。国际社会对在该会议上达
成新的气候协议抱有很高的期望（United Nations Institute for Training and
Research，2015）。正是在这种背景下，日本政府启动了 3 个城市发展计划以
推动低碳社会的建设工作。我们将在下面的章节中概述这些内容。

3.3.1　生态型城市

生态型城市项目始于 2008 年，旨在验证日本关于未来将要建成的低碳社
会的构想（Promotion Council for the "Future City" Initiative，2014）。当
年，根据已有减排目标以及往期减排表现，有 13 座日本城市入选该项目。每
座入选城市都提交了一份包含减排目标、评估方法和测量指标的行动计划。由
内阁办公室秘书处、部际协调组织和学术顾问团组成的政府团体审议了这些计
划。在向公众公开这些计划之前，该政府团体就提升计划的有效性提出了相应
的意见和建议。试点城市取得的成功经验得到推广，以使其他城市的政府能结
合自身情况学习其中的经验。生态型城市、其他受到低碳减排方案动员的城市
和相关组织的代表参加了于 2008 年 12 月举办的低碳城市促进委员会成立仪
式。该委员会成立的目的在于促进各城市学习生态型城市在建设低碳城市的过
程中所取得的经验（Cabinet Office，2013）。

虽然各试点城市几乎没有专项预算，但是它们更容易与政府的相关部门建

立联系，为低碳城市建设试点争取适当的补助，进而从中获益（Murakami，2012）。同时，对于入选城市来说，"生态型城市"的标签产生的动员效应，可以鼓励市民和企业参与应对气候变化的行动以及可持续城市发展建设。

在 2012 年和 2013 年，更多的城市入选该项目。截至 2013 年，该项目总计包括 23 座城市。该项目计划在 2016 年使入选城市的数量增加到 40～50 个，几乎涵盖日本所有的县（Cabinet Office，2013）。2014 年，该项目与"未来城市"倡议（FCI）合并，我们将在下文中介绍后者。

3.3.2 "未来城市"倡议

2010 年大选后，日本民主党成立了新政府。日本老龄化率在 2009 年已达到 24%，预计于 2030 年达到 40%。而日本经济停滞也已持续了近 20 年。鉴于此，日本新政府制定了"新增长战略"，通过绿色创新来提振经济。"未来城市"倡议便是这一战略的组成部分。该倡议旨在减少温室气体排放，应对高度老龄化社会的挑战，推动地方经济发展，并于 2011 年开始实行。

2014 年，由气候科学、能源、工业设计、工程、城市发展、金融等领域的市政官员和专家组成的委员会选出了 11 座城市[①]。长期发展愿景是否卓越，由当地学术、商业和金融机构组成的联合体是否具有足够的发展潜力，是决定一座城市能否入选"未来城市"倡议的关键标准（Cabinet Office，2008）。在入选的 11 座城市中，有 6 座曾在 2011 年的东日本大地震中遭受重创，其他城市则是此前的"生态型城市"。

除了将"应对高度老龄化"列入议程之外，"未来城市"倡议与生态型城市还有几点不同。第一，从 2010 年秋季到 2011 年春季，一些专家以非正式的方式参与了"愿景会议"，寻求建立世界领先的、以人为本的城市长期愿景。第二，政府在项目实施前两年每年为该项目拨款 10 亿日元。第三，该项

---

① 11座城市分别为：下川、柏市、横滨、富山、北九州、大船渡、釜石、岩沼、东松山、南相马、新城。

目聚焦于通过国际会议交流关于城市可持续发展的理论和实践，每年在日本组织一次"未来城市"倡议国际论坛，并支持每一座入选 FCI 项目的城市参与国际合作。第四，开发了名为 CASBEE（Comprehensive Assessment System for Built Environment Efficiency，即建筑、环境、能效综合评价系统）的城市评估框架，从环境、社会、经济三方面监测入选的"未来城市"在可持续转型方面的质量和表现。生态型城市是由日本自民党提出的。该党在第二次世界大战后的大部分时期都是日本的执政党。而"未来城市"倡议是由 2010 年 9 月到 2012 年 12 月执政的民主党提出的。2012 年自民党重返执政党的位置之后，生态型城市与"未来城市"倡议这两项计划被合并。在实践层面上，这两项计划在 2014 年后不再明确分开，因为它们都由内阁办公室管理，没有单独的预算。此外，低碳城市促进委员会也与"未来城市"促进委员会合并。

3.3.3 绿色和地方自治型城市

日本民主党在 2010 年赢得大选时，为地方政府赋权，在地方上推广可再生能源是其竞选宣言的一部分。这一关注点对于打破日本高度集中的电力市场和源自 1868 年明治维新的政治结构具有一定的意义。民主党政府的设想是通过改革这些高度集权的系统来改变停滞不前的经济状况，并推动地方探寻新的发展路径（Ministry of Internal Affairs and Communications，2010—2011）。

绿色和地方自治型城市倡议旨在寻找那些追求当地食品、就业和能源自给的先导城市作为典范。根据这些成功经验，民主党政府便可制定更进一步的地方赋权政策。东近江（Mizuguchi et al.，2016）便是在一次非正式选拔中入选的 3 座城市（八户、远野、东近江）之一。

2011 年，以上 3 座模范城市均获得了 3 000 万日元用于研究和推广其成功经验（Ministry of Internal Affairs and Communications，2010—2011）。这 3 座城市的市长和其他管理人员被邀加入政府咨询委员会研究各地方的案例。地方上的成功经验由相关部门搜集、编辑、出版，并与日本其他城市共享。当自民党重新执政后，该计划就停止了。但是，该计划为参与城市提供了将当地资源用于可持续发展的机会。

3.4　城市概览

以上 4 个城市网络都致力于解决气候变化、人口老龄化和经济停滞等社会痼疾。参与城市从中收获的益处主要在于相互学习并获得资助，或借此接入政府关系网（主要见于日本）。通过资助这些城市网络，日本政府和欧盟能够将某些社会问题列入其政策议程。这种政策议程的不足在于深受执政党更替的影响，这一情况在日本表现更显著。MUSIC 项目、生态型城市、绿色和地方自治型城市项目都将重点放在建设低碳社会或提高当地适应能力等具体问题上，而"未来城市"倡议则是综合性最强、资金最充裕的项目。MUSIC 项目明确以转型思想为基础，并包括实施规范性转型治理流程。但日本的 3 个项目没有一项是发起时便基于转型治理或转型思想的。但 FCI 组织的国际会议引入了转型思想，并使这一思想逐渐影响入选城市和内阁办公室。

在本书中，我们选择了这些城市网络中的 5 个城市（见表 3.2）。选择这些城市的用意则在于展示它们在基于共享的转型路径原则，寻找新的创新方法和技术，并借此应对各种可持续发展挑战的过程中所展现出的洞见。我们选择了 3 个参与 MUSIC 项目的欧洲城市——阿伯丁、根特和蒙特勒伊，侧重分析它们在二氧化碳减排方面的实践探索。这 3 个城市从时序变化、对转型思想和方法的逐步接受以及应对转型挑战 3 个方面展现了某一转型治理方法在应用于不同城市过程中的多样性。例如，在蒙特勒伊，转型治理过程在开始时侧重于控制二氧化碳排放，之后则侧重如何以多元化的方式进行城市治理。我们还选择了 2 个日本城市，即东近江和北九州，从转型治理的角度来分析这些城市，我们可以发现富有吸引力的治理活动。另外，这些城市展现了它们遇到的不同的核心转型挑战和各种各样的转型方式。

3.2 本书中的 5 个案例城市的基本情况概览

	人口	面积 / 区位	核心问题	政策文化	城市发展中的转型挑战	转型治理活动焦点
阿伯丁，苏格兰	210 400	184.46 平方千米，北海沿海	北海离岸石油工业基地	对城市议会缺乏信任	宏大的城市碳减排目标，在公私部门中树立起提高能源利用效率的愿景	重构城市面临的挑战，对问题的理解和树立愿景
东近江，日本（绿色和地方自治型城市）	120 000	388.58 平方千米，位于日本的中央，毗邻日本最大的山与湖	确保当地的老龄照顾、能源、食品、就业自给，实现自给自足	由于 2008 年金融危机，7 座有各自政策文化的城市进行了合并，城乡发展委员会成立，有"通过当地企业解决问题"的文化传统	宏大的碳减排目标，在食品、能源、老龄照护领域创造就业机会，过度老龄化问题	在不同的政策遇窗口和权力实体间进行跨部门交互
根特，比利时	240 000	156.18 平方千米	比利时的第三大港，有许多历史文化遗产建筑需要保护	市政府与企业管理者致力于气候议程	实现"碳中和"的宏大目标，启动"气候联盟"这一由不同背景的热诚行动者组成的（社会）网络	扩大行动范围并采取具体行动
北九州，日本（生态型城市与"未来城市"倡议）	970 000	488.78 平方千米，位于九州岛的最北端，日本本土的最西端	世界可持续发展之都，低碳，污染防治，能源效率，国际化	市政府的领导强而有力，在钢铁、化工、汽车制造方面有较强的影响力，市民、政府、工业企业相互协作	宏大的碳减排目标，在环境领域创造就业机会，过度老龄化问题	向成为国际化、科技化、人与人彼此联系的滨水绿色城市努力
蒙特勒伊，法国	103 000	8.92 平方千米	前农业与工业城市，人口密度在巴黎城郊地区名列第三	市民倡议的多元化促进了环境、社会和经济替代性方案的实践，但也有缺位的问题	宏大的碳减排目标，为"积极的能源城战略""创造与之相配的效率文化"	在政策制定者与公众人员的实践中实现转型

参考文献

Cabinet Office (2008) Application handbook of eco-model cities (proposal). Cabinet Office, Tokyo (only in Japanese)

Cabinet Office (2013) "FutureCity" initiative, mobilizing future urban planning. Cabinet Office, Tokyo (only in Japanese)

Frantzeskaki N, Tefrati N (2016) A transformative vision unlocks the innovative potential of Aberdeen City, UK. In: Loorbach D, Wittmayer J, Shiroyama H, Fujino J, Mizuguchi S (eds) Governance of urban sustainability transitions, pp 53–72. Springer, Tokyo

Hölscher K, Roorda C, Nevens F (2016) Ghent: fostering a climate for transition. In: Loorbach D, Wittmayer J, Shiroyama H, Fujino J, Mizuguchi S (eds) Governance of urban sustainability transitions, pp 95–115. Springer, Tokyo

ICLEI (2012) Local sustainability 2012: taking stock and moving forward. Global review. ICLEI Global Report, Freiburg

Interreg IVB NWE (2013a) http://www.nweurope.eu. Accessed 20 Dec 2013

Interreg IVB NWE (2013b) NWE in action! INTERREG IVB North-West Europe. Programme overview 2007–2013. 12 reasons to engage. INTERREG IVB NWE Joint Technical Secretariat, Lille

Japan Sustainable Building Consortium (2012) CASBEE for cities. Technical manual, Tokyo

Krauz A (2016) Transition management in Montreuil: towards perspectives of hybridization between 'top-down' and 'bottom-up' transitions. In: Loorbach D, Wittmayer J, Shiroyama H, Fujino J, Mizuguchi S (eds) Governance of urban sustainability transitions, pp 137–154. Springer, Tokyo

Ministry of Internal Affairs and Communications (28 April 2010 to 1 March 2011), meeting materials for Green and Local Autonomy, Ministry of Internal Affairs, Tokyo (only Japanese are available). http://www.soumu.go.jp/main_sosiki/kenkyu/bunken_kaikaku/index.html. Accessed 15 May 2015

Mizuguchi S, Ohta K, Beers PJ, Yamaguchi M, Nishimura T (2016) Interactions among multiple niche-innovations and multi-regimes: the case of the "Welfare Mall" in Higashi-Ohmi. In: Loorbach D, Wittmayer J, Shiroyama H, Fujino J, Mizuguchi S (eds) Governance of urban sustainability transitions, pp 73–93. Springer, Tokyo

Murakami S (2012) Special report on environment and energy, 19 June, 2012 issue of Nikkei (Japan Economic Daily), Japan Economic Daily, Tokyo

Promotion Council for the "FutureCity" Initiatives (2014) "FutureCity" initiative. Cabinet Office, Tokyo

Roorda C (2013) Learning in a transnational project: the case of MUSIC. In: Accelerating change – delivering sustainable energy solutions; proceedings of the joint seminar by Intelligent Energy Europe and Interact: 11. http://ec.europa.eu/energy/intelligent/files/library/brochures/accelerating-change-delivering-sustainable-energy-solutions.pdf. Accessed 6 June 2015

Shiroyama H, Kajiki S (2016) Case study of Eco-town Project in Kitakyushu: tension among incumbents and the transition from industrial city to green city. In: Loorbach D, Wittmayer J, Shiroyama H, Fujino J, Mizuguchi S (eds) Governance of urban sustainability transitions, pp 117–136. Springer, Tokyo

United Nations Institute for Training and Research (2015) Towards a post 2020 agreement. United Nations Institute for Training and Research, Geneva

Wittmayer JM, Loorbach D (2016) Governing transitions in cities: Fostering alternative ideas, practices and actors. In: Loorbach D, Wittmayer J, Shiroyama H, Fujino J, Mizuguchi S (eds) Governance of urban sustainability transitions, pp 17–36. Springer, Tokyo

Zelinsky W (1991) The twinning of the world: sister cities in geographic and historical perspective. Ann Assoc Am Geogr 81(1):1–31

Governance of Urban Sustainability Transitions

PART 2

欧洲与日本城市
转型治理案例

| 第 4 章 |

转型治理愿景激发英国阿伯丁市的创新潜能

妮基·弗兰茨斯卡基 [①]　诺拉·特弗拉蒂 [②]

【摘　要】　在转型治理的构思阶段，需要思考如何构建阿伯丁市的发展潜能。因此，我们聚焦于构思阶段，并将构思结果细化，研讨不同的兴趣点、潜在风险和根深蒂固的观点，使人们对该城市长期存在的问题有新的见解，并对城市的可持续发展有全面的认识。根据我们的分析，构思过程的产出结果是对平等、公正等可持续价值观的综合理解，进而为包容性的社会交流创造了动力，并广泛动员各方将愿景付诸实践。

【关键词】　转型治理　展望　能源安全　包容性　构想　可持续性

4.1　引言

阿伯丁市是苏格兰的石油之都，在从小渔村演变为石油之都的历史进程

---

① 妮基·弗兰茨斯卡基（Niki Frantzeskaki），任职于荷兰鹿特丹伊拉斯姆斯大学荷兰转型研究所。

② 诺拉·特弗拉蒂（Nora Tefrati），任职于荷兰鹿特丹伊拉斯姆斯大学荷兰转型研究所。

中，并非所有的阿伯丁市民都从工业化中受益。现在看来，阿伯丁市石油主导型经济转型带来的社会和经济方面的脆弱性，与此前工业化带来的风险—收益分配不均一样，社会弱势群体可能会承担更多转型风险且难以得到对等收益（Aberdeen City Council，2009，2010，2011）。

鉴于这一具有挑战性的现状，阿伯丁市已尝试将转型治理作为一种治理方法（见图 4.1），借此搜索可持续的城市替代性发展路径，并探寻如何动员城市中不同的行动者参与各种协同性治理安排（Roorda et al.，2014）。在转型治理过程的调查环节，市政府在该过程中明晰了城市转型动力，并绘制了城市中各类行动者的群像。

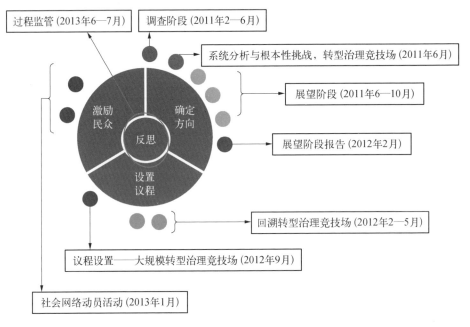

图 4.1　阿伯丁市符合 MUSIC 项目规范的转型治理过程

笔者与阿伯丁市的政府、企业以及社会的变革代表进行了交流，发现他们对城市的可持续性与韧性的追求中，有 3 项最迫切的需求：

（1）阿伯丁市没有合法的、得到社会普遍认可的可持续发展构想。最近提出的可持续发展构想在政府官员内部得到认可，但由于民众对可持续发展的各项目标制定方式存在误解，这一构想未能在城市更大范围内引导和激励可持续转型行动。

（2）对能源安全的担忧逐渐在地方行政部门中浮现，同时引发了地方管理者对社会公平和正义的反思。正如一位地方管理者所言："本次转型不抛下任何一个人，避免把阿伯丁变成两座分属于穷人和富人的城市。"（Aberdeen Policy Officer Interview，2011）

（3）阿伯丁市在新商业环境下向未来能源安全努力的同时，对将现有能源企业改造为新经济体的开放性长期行动有着迫切需求。正如一位地方管理者所言："如何在后石油经济时代最大限度地利用那些现在在当地石油行业工作的人们的专长？"（Aberdeen Policy Officer Interview，2011）

考虑到采取转型行动的迫切性，一个由 MUSIC 项目研究团队资助的转型治理项目开启了政府官员、城市变革代表、科学家和社区代表之间的对话，以重新思考阿伯丁市当前和未来的发展路径。我们致力于解决的问题是：参与式展望能否在促使人们共同创造一个以可持续为导向，足以影响战略性环保计划构想的同时，在各种根深蒂固的文化观点和实践中对转型活动给予明确的引导？

在本章中，我们主要关注阿伯丁市参与式构想建构的过程与结果。该环节处于转型治理周期的第二阶段（Loorbach，2010；Frantzeskaki et al.，2012a；Nevens et al.，2013）。MUSIC 项目通过将转型治理作为变革利益攸关方代表为探究战略性转型路径而进行磋商的方法论，制定可以引导长期战略实施的整体目标，并从中获取关于城市能源转型规划与治理机遇的洞见。

笔者亲历了阿伯丁市 2011—2013 年的转型治理过程，并因创新性地应用转型治理路径而获得苏格兰"绿苹果奖"的始末。我们之所以关注阿伯丁市转型构想建构这一阶段，是因为该阶段打破了各种关于阿伯丁市当前和未来可持续发展根深蒂固的观点和假设。也正是在这一阶段，城市变革各利益攸关方代表围绕各种考量因素和观点展开协商性对话和辩论，打破了阿伯丁历史上作为能源城市的刻板印象，并使人们意识到需要通过果敢的行动确保城市未来的可持续性。在转型构想建构阶段出现的思想突破和认知升级，为全局性的战略行动铺平了道路，并使阿伯丁向可持续发展方向迈进。

在 4.2 节中，我们以可视化的方式展现了这一转型治理过程。在图 4.2 中，我们概述了转型构想建构阶段中的每一步所采用的分析方法。接着，我们提出了设计和评估转型导向的概念模型，最后总结了转型构想建构过程在阿伯丁城市转型中的角色和作用。

4.2　阿伯丁市转型治理过程概览

阿伯丁的城市转型治理过程总计召开了 10 场转型竞技场会议、转型研讨会以及相应的转型治理过程方法论会议，如图 4.2 所示。

4.3　未来展望：共同创造可持续的转型构想

作为转型治理过程的一部分，未来展望是洛巴赫（2010）提出的转型治理四步骤中的一环。

4.3.1　设计转型管理过程

在设计转型治理过程时，需要将当前和未来转型动力的 3 个主要组成部分纳入考量范围：环境、过程和结果。这 3 块基石为转型治理过程的构筑提供了新的概念视角（见图 4.3，Frantzeskaki et al.，2012a，2012b）。转型治理过程设计包含以下 3 个存在内在联系的方面。

（1）环境。转型过程需要通过适时的调整，以获取所处环境中的利益攸关方的支持。因此，在转型过程的整体设计中，需要以协商和共同创造以及对转型过程中的环境动力进行持续监测的方式，将环境因素纳入考量范围。通过这种方式，环境动力可以对转型过程的决策提供参考信息，或者在此基础上，使转型过程和结果超越环境动力本身，创造出新的转型发力点。

调查阶段（2011 年 2—6 月）
全面考虑城市环境
数据收集
－政府官员对城市历史上的文件、档案和报告进行案头调研（2011 年 2—4 月）
－对来自当地政府各部门的官员进行 10 次访谈（2011 年 6 月）
－对当地正式政策会议的 5 次观察（每次 10 小时，2011 年 4—10 月）
－与由当地政府官员组成的阿伯丁市转型团队进行小组座谈，以确定转型治理系列研讨会的目标（2011 年 4 月）
－于 2011 年 6 月在研究者们的协助下召开系统分析研讨会，以检验案头调研的有效性
分析
由阿伯丁市可持续发展部门的学者和官员组成的团队发现，系统分析可作为分析各种发现的描述性框架（2011 年 4—6 月）

展望阶段（2011 年 6—10 月）
过程设计
基于研讨会透视法，包含来自可持续发展部门官员的研究团队为展望过程设立了一系列目标，并为民众参与环节设计了一些辅助性问题
实现展望
在 2011 年 6 月、9 月和 10 月分别举行了 3 次转型治理竞技场会议，每次会议均持续半日之久，有 14 名代表出席，并由 4 名转型团队成员从旁辅助。这 4 人中有 3 名政府官员和 1 名转型治理专家
引导
在负责提出转型阶段的首要目标与参与规则的官员之间轮流开展培训
数据收集
在研讨会举办期间，我们通过速记、录音、录像等方式收集了参与者们的观点

系统分析与根本性挑战
转型治理竞技场
（2011 年 6 月）

展望阶段报告（2012 年 2 月）
以书面报告的形式呈现阿伯丁转型构想，并将（展望阶段的）启示与承诺上升为参与者们的转型构想

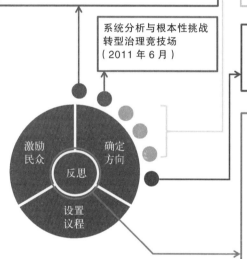

监控过程设计（2013 年 6—7 月）
监控过程的目标被设定为：
为确保转型治理过程的持续成功而界定（与之相关的）挑战与关键因素；提供数据以检测相应指标，进而确保（管理主体）必要时能采取纠偏措施；为（转型）构想及其结果评估提供数据；核验转型治理展望阶段的影响
监控标准：
过程：起始条件、实施过程、过程设定、转型团队的组成和职能、竞技场团队的组成、参与延展范围、资源的可得性与辅助效果
结果：具体性、原创性、所有权、历史与系统观点的开放性、紧迫感和空间感
实施（转型治理的）监控：
数据收集：1 名未参与 MUSIC 项目的研究者于 2013 年 6—7 月主持了一系列针对转型治理团队（7 名政府官员）和 2 名参与者的面对面访谈（每次访谈持续 1～1.5 小时）。访谈在转型治理过程结束 3 个月后进行，以使受访者能反思和评价该过程的影响与结果。参与者反馈的收集工作则在转型团队的主持下于 5 月 13 日的会议后进行

图 4.2　阿伯丁转型构想阶段详细图解

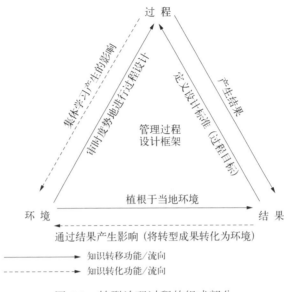

图 4.3　转型治理过程的组成部分

（2）过程。各种实操层面的方法（如对话、辩论、创造情境化的方法）需要满足转型目标，并达成转型治理主体与转型环境相关的特定期望。

（3）结果。此处的结果是指经由上文中的过程产出的令人满意的成果及其组成部分（如报告、可视化产物、得到共同认可的故事情节、战略评估）。取得这些结果的关键条件包括：根据环境对各项成果进行可能的改造的努力，以及将政策、社会需求和行动时机纳入考量范围。

4.3.2　转型治理过程的构想阶段

构想是一个发生在转型竞技场环境中，并由来自当地社区的行动者参与其中的过程。构想是推进可持续转型的起点（Newman and Jennings，2008）。这个表达和认同心愿、梦想和企望，建构共同愿景的过程，对于带动针对现有不可持续系统的研究，促使那些对未来心怀期待的行动者积极参与可持续转型来说是必不可少的。当地改革利益攸关方的参与，对构想阶段来说是非常重要的。他们的积极参与，既可以提升这一过程产出的有效性，也可以使由此制定的衍生计划的实施更为成功（Carlsson-Kanyama et al.，2008；Vural-Arslan and Cahantimur，2011）。当地变革代表和利益攸关方参与的方式对构想阶段的合理性和合法性来说至关重要（Larsen and Gunnarsson-Ostling，2009；Larsen et al.，2011）。当地利益攸关方可以与政策制定者直接对话，并使关乎这些利益攸关方的政策向其影响对象直接开放（Larsen et al.，2011）。

构想过程各项目标具体如下：

（1）构想为可持续转型相关政策的形成奠定了坚实的基础，因为在构建建构过程中，"民众对转型的必要性有了认知，也因此有了参与的积极性，城市内部形成了基于地缘的身份认同感，个体的观点得到重视，伙伴关系形成并推动转型举措的实施，解决冲突的基础得以确立"（The Cities Alliance，2007）。

（2）构想衍生出某一区域独一无二、令人向往的天然特性，并将"地域特色"纳入考量范围（Newman and Jennings，2008）。

（3）构想当中包含着参与者们对追寻可持续性的共同愿望（Newman and Jennings，2008）。

（4）构想使当地居民能够理解前面提到的那些与特定城市或地域可持续发展有关的、令人向往的前景（Beers et al.，2010）。

（5）随着构想得到当地各利益攸关方代表的认同和逐步调整，它可以进一步提升相应城市或地域的发展潜力（Van Eijndhoven et al.，2013）。

展望过程的目标具体如下：

（1）为了将气候变化的压力传导到城市环境中，气候变化叙事可以从地方层面上整体改进，以使对气候变化的影响、当地环境在气候变化中的脆弱性、当地对气候变化的适应性和缓和气候变化的举措的分析得以开展，进而使以上研究结果更可能被纳入规划过程中。

（2）保持开放的对话环境，以使不同类型的知识汇聚在一起。这些知识包括：预测未来方面的科学知识，关于当地的各种社会知识，关于参与者参与变革的潜力的隐性知识，关于社会正式和非正式系统中的阻碍因素等（Sheppard et al.，2011）。

（3）鼓励关于展望未来的各种新型思维方式，以在此前未曾联系或者中断联系的行动者之间创造协同行动的纽带（Berkhout and Hertin，2002；Ozkaynak and Rodriguez-Labajos，2010）。

（4）将民众真正动员起来，并为反思和创新提供空间（Newman and Jennings，2008），为变革奠定基础（Ozkaynak and Rodriguez-Labajos，2010）。

展望过程包括三步：① 形成指导性原则；② 创建构想；③ 将构想中的要素转化为具有实操性的战略目标。对于以上步骤中的每一步，我们基于前瞻性科学、情境化方法，从过程、结果、环境三项设计要素的角度对其进行详述（Bishop et al.，2007；O'brienand Meadows，2013；Ringland，2010；Robinson，2011）。

1）形成指导性原则

（1）过程。该步骤的目标是制定一系列能够代表各利益攸关方所期望的产出的长期原则。在这一过程中，不同参与者的核心价值在交流中得以显现，并通过协商形成协同工作和指导未来发展的各项原则。

（2）结果。该步骤的预期结果是一系列原则。这些原则是更为广泛的构想的基础，而这些构想又将衍生出构想建构的过程。根据参与者之间是否共享信息以及参与过程对非参与者是否开放，向参与者展示指导性原则的方式也有所不同。对协商后的指导性原则的概述以及对这些原则的内涵进行简要说明，足以将展望过程向前推进。但若要在当前过程之外的其他场合或与展望活动的非参与者交流、共享这些指导性原则，则要认真做好相应的展示准备工作（Pichert and Katsikopoulos，2008）。

（3）环境。要想将环境动力纳入考量范围，建议采取以下措施：① 搜寻、认可并展示既有构想工作，特别是在某一展望过程中有已知晓或参与过相关过程的参与者时更应如此。②将近期的发展情况以及现有的可持续性议程和规划程序纳入考量范围。③为参与者提供"在现有工作的基础上建构指导性原则"和"从新维度建构指导性原则"的选择。

2）创建构想

（1）过程。该步骤的目标是创造关于未来系统的故事情节和想象，以表达行动者对未来的期待。一个成功的构想不仅可以吸引更大范围的参与者，而且还能在系统和组织内创造具有象征意义的价值（Shipley，2000；Shipley and Newkirk，1999；O'brien and Meadows，2013）。

（2）结果。该步骤的预期产出是对某一构想的综合性描述。这一构想包含了各种各样令人向往的对未来的想象与展示。人们可以通过各种主题和图片展示整体构想。构想则可以通过故事情节、艺术形象来表达，也可通过对未来的想象而创作的报纸、杂志的头条和相关议题进行展示。

（3）环境。某一构想若想在其所处的环境中创造价值，就要超脱于创造它的原生团体，变得更有意义，并能够被环境辩证地吸纳（Hughes，2013）。关于构想的交流从利益团体或利益团体代表之间扩散到更广泛的群体的过程是创造价值、进行社会资源动员以实现构想的基础（Hughes，2013；Tompkins，2008；Frantzeskaki et al.，2014；Volkery and Ribeiro，2009）。

3）将构想中的要素转化为具有实操性的战略目标

（1）过程。该步骤的目标是制定与各项指导性原则相关联的战略目标。这些战略目标的角色是创造一系列行动评估指标，评估已采取的行动是否使系统更为接近构想，或评估构想是否得以实现。

（2）结果。根据指导性原则所展示的和构想所描述的价值观，制定一系列聚焦于此的战略目标（Keeney，1996a，1996b；Frantzeskaki and Walker，2013）。

（3）环境。为了使构想具备实操性，需要将环境动力纳入考量范围，而这意味着既有评估方案将在符合整体构想的前提下，被全部或部分纳入新的评估方案中。同时，环境动力可能会使构想在可持续转型方面的彻底性大打折扣。因此，转型行动者需要认真考虑如何运用环境动力，使之产生建设性的意义和影响，避免其产生消极影响。

4.4　阿伯丁市可持续变革的构想

4.4.1　制定指导性原则

（1）过程。阿伯丁市的 MUSIC 项目团队举办了相关的研讨会。在研讨会上，转型竞技场的参与者们首先深入思考了如何形成指导性原则，并探究了如何将其付诸实践。项目团队成员对该研讨会的各项结果进行了汇总、整理，具体内容如下所示。

第一场研讨会于 2011 年 6 月举办，而第二场会议则于 2011 年 9 月举办。在第一场和第二场会议中，与会者们被要求提出能够指导转型行动的原则。这些指导性原则应当能够表达相关团体的各种愿望，设立一个共同的方向，使参与者们能携手共同建设一个可持续发展的阿伯丁。与会者们被要求表达他们对以下问题的回应："如果阿伯丁是你梦想中的可持续发展城市，它应当是什么样子？""你希望阿伯丁未来成为怎样的城市？"

第三场研讨会于 2012 年 5 月举行。此次会议引入了新的先行者，与会者交流了他们迄今为止关于指导性原则的观点。这一研讨会的主要成果是：指导性原则需要围绕更为明晰的环保主线进行调整，尤其是针对阿伯丁市的环境进行"个性化"调整。

MUSIC 项目团队将转型竞技场的与会者们的答复整理成建设可持续发展的阿伯丁的指导性原则清单。这些指导性原则在第三次研讨会期间（2012 年 5 月）得到了修订。项目团队设定了两个与构想和可能的转型路径相关的时间节点：2030 年前需要且可以完成的紧迫事项（中期）和 2050 年前做好告别石油能源依赖的准备（长期）。

（2）结果。项目团队制定了五项指导原则，并为阿伯丁的可持续未来构想了五个图景。三次研讨会的整合结果如表 4.1 所示。

表 4.1　阿伯丁市可持续转型指导原则

原　　则	内　　容
作为机遇之城的阿伯丁	到 2050 年，在不违背碳减排承诺的情况下，我们将继续吸引投资并提供多样化的就业机会
作为旅游胜地和宜居城市的阿伯丁	到 2050 年，我们将拥有一座生机勃勃、坐落着许多文化场所且与自然环境相协调的城市。市民们喜欢在这里生活，并以他们的城市为荣

续　表

原　则	内　　容
作为学习型城市的阿伯丁	到 2050 年，我们的城市将拥有更多紧密的国际学术交流合作关系，并成为吸引能源、医疗、生态、商业资源的中心。世界各地的人们将来到我们的城市学习。终身学习氛围、可靠的信息基础设施与科技水平确保可持续设想得以实现
作为交通发达城市的阿伯丁	到 2050 年，由步行、骑行和公共交通网络整合而成的立体交通体系可以将市民送达城市中的所有街区。市中心也会被设计成通过任何交通方式都可以到达的形态
作为高能效和能源韧性城市的阿伯丁	到 2050 年，我们的城市或许还是一座基于石油和燃气的能源都市，但在能源利用方面取得了较高的效率，并从可持续的能源资源中获得持续的能源供应。我们将成为苏格兰地区的领导型低碳城市

（3）环境。通过使用不同的表达方式来表述每一条原则，参与者们明显将创立指导性原则视为会长期存在的活动，且与现有项目联系起来，并建立新项目，进而实现可持续转型构想。通过致力于创立指导性原则，所有参与者都可以将他们的兴趣、愿望和专长与其中一条原则联系起来。

通过参照城市中正在进行的活动，改革参与方的代表们增加了指导性原则，关注到了那些对控制碳排放存在间接影响，但没有得到政府官员关注的议题和活动，并将那些曾被忽视的碳减排焦点再度纳入可持续转型规划中。地方改革的代表们作为参与者，不仅证明了自己对城市可持续发展有着较成熟的理解，而且也预见了民众期待的、与城市可持续发展相关的方向。

4.4.2　创建构想

（1）过程。在对阿伯丁市可持续转型的各项原则形成集体认同之后，转型变革团队成员形成了更小的工作团队，并将每一条指导原则以书面的形式转化为不同的构想图景。团队成员分别选择了那些他们能够给出最为明晰定义的指导性原则。在他们以小组的形式工作并讨论构想图景轮廓的同时，一名艺术家为了获取创作引人入胜的转型构想图景素材而加入了会议。他的任务是为参与其中的行动者和潜在参与者捕捉其思维亮点。

（2）结果。这一步的预期结果是创造关于构想的综合性描述，并通过彰显城市的潜力及其异乎寻常的特质勾勒出人心所向的城市未来。我们通过罗列每一套指导性原则对应的构想图景，从不同方面展现了如表 4.2 所示的构想产出。那名艺术家为每一条指导性原则设计了示意图。这些示意图在可持续转型过程中被用于向各方解释每一幅构想图景的核心观点。这里我们展示了通过电子手册、报告发行并在城市会议上使用最多的示意图（见图 4.4）。

表 4.2　转型构想图景

构想图景	内　　容
构想图景 1	阿伯丁将持续吸引投资，并使整座城市建立在活跃的商业部门所取得的各种成就上。阿伯丁在 2050 年转变为机会之城是当前环境进化的结果。到 2050 年，阿伯丁将拥有不依赖原油工业的强健经济结构。这座城市在保有其作为全球海底原油和燃气开采中心地位的同时，也将拓展自身其他方面的优势。原油和燃气时代发展出的优势得以保留，并被用于各种可再生技术的开发。同时，投资和就业多样化的机遇使得人们对经济多元化的认知日益升级。工业界、科研界和地方政府间有着强健的纽带，并在阿伯丁单一就业模式中有了变化。这种观念模式的改变是由协同行动与社区信息日益通达共同导致的。社区信息日益通达使人们能了解到城市的整体就业形势和工作岗位的具体来源。到 2050 年，市民们将充分了解城市中的各种机遇并积极投身其中。这座城市抓住了后原油时代的变革机遇
构想图景 2	到 2050 年，阿伯丁将为所有居住其中的人们提供高质量的生活环境。阿伯丁的市中心将是一个生机勃勃、富有吸引力的区域。市中心开发框架的四分构想将在以民为本的设计理念下得以实现。各种旗舰项目和风险投资将吸引更多访客来到这座城市。与此同时，阿伯丁用花岗岩建成的传统建筑及其独特美学也因此声名远播。一个综合公交系统将把市中心的所有古建筑、艺术品、文化和休闲场所连通起来，并使游客可以轻松到达其中的任何景点。阿伯丁有设计良好、普通民众能够负担得起的房屋，有着繁荣的城中村落，政府提供优质的公共服务，地方经济稳定增长，街区富有吸引力。阿伯丁作为一个旅游胜地，为游客提供丰富的文化遗迹和运动休闲活动。阿伯丁市也是游客前往凯恩戈姆国家公园和迪河游览的旅游门户
构想图景 3	到 2050 年，阿伯丁将成为学习型城市，诸如公共健康、能源、环境可持续性和技术研究等新学科将得到发展并活跃起来。在全欧洲的其他城市和机构之间，有着强有力的协同工作准则。到 2050 年，阿伯丁的中小学将提供高质量课程，并吸引全国各地的家庭来此寻求合适的学习和教育机会。国际学校也将到此开拓新市场。与此同时，大学和专科院校将开展高质量的国际交流合作。阿伯丁将成为研究生求学的理想城市和有着各种终身学习条件的学习型城市。

续　表

构想图景	内　　容
构想图景 3	公私机构在教育和就业方面有着紧密的联系。作为一座现代化学习型城市，现代科技在助力终身学习和提供传统途径以外的学习方式上有着重要地位，知识对所有人来说都是唾手可得的。在这个学习环境中，人们不仅可以更有效率地工作，而且可以居家办公
构想图景 4	到 2050 年，阿伯丁将会成为一座市内交通高度通达的城市，而且还会有很多市民可以漫步其中的步行区域。城市的交通网建设成效显著，并通过规划合理的枢纽彼此连接。经过改良的路线和道路覆盖各个街区，穿过整座城市，步行、骑行和公共交通在各自的专属道路上并行不悖，街道上不再拥堵不堪。市中心既是交通枢纽，也是城市的心脏。城市的公共交通系统非常发达，且根据市民常使用的通勤路线进行线路规划，以充分满足市民需求。由于违反减排限制，政府将不鼓励私家车或独自驾车出行。随着人们意识到他们在满足自身驾驶需求的同时，也需要考虑节能减排的新技术和新实践，交通部门的减排目标也将得以实现。到 2050 年，从公共交通角度看来，阿伯丁将成为碳中和城市
构想图景 5	到 2050 年，阿伯丁将在能源利用效率和可再生能源方面成为领导型城市。在阿伯丁市，通过将历史建筑与现有建筑严格区隔开来，所有建筑的能源利用率都将获得提升并实现碳中和。城市的能源供应将实现零碳排和去中心化，其中的能源全部为可再生能源。遍布全城的集中供暖网络将为所有的私人住宅、社会建筑和公共建筑供暖。城市将彻底解决能源缺乏的问题。全城都将由宽带网络连接，办公方式更灵活，居家办公更便捷，从而减少市民的出行需求。城市的整合交通网络使市民更多以步行和骑行的方式出行，而公共交通系统则普遍使用电力或者氢能源车辆

（3）环境。由于这些示意图是在城市会议期间绘制的，所以它们涵盖了与会者的所有观点。在会议举办期间，没有新的"阿伯丁2050"构想被创造出来，可能的原因是那些更能接受多元化观点的人们并未参会。这一事实表明，在调查阶段选择的变革代表达到了"通过成功的协同创新过程发现城市可持续转型潜力"的标准。这些构想图景为整个团队创造了一个具有象征意义的价值观：该团队成员表达了未来在其他项目上合作的意愿。

4.4.3　通过操作将构想转化为战略目标

（1）过程。在完成构想图景后，构想操作阶段的目标主要有：① 基于各利益攸关方的关注点描述指导性原则实施的现状；② 从指导性原则中那些关于未

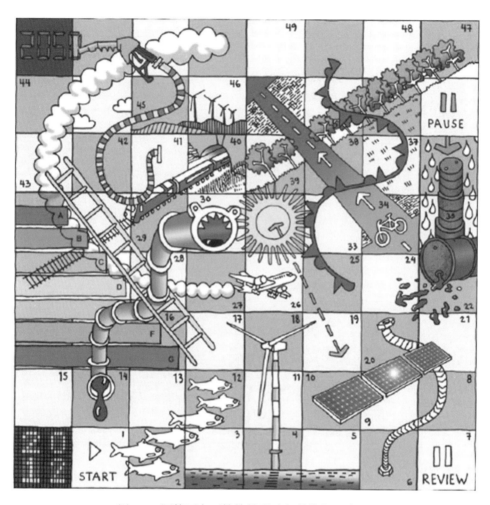

图 4.4　阿伯丁市可持续转型路径的构想示意图

来城市令人向往的特征来确定战略性目标；③ 在完成以上步骤之后，测试何种战略能在中长期规划中达到指导性原则所要求的各种标准。对于参与转型变革的代表来说，对潜在的第一步转型行动的界定是非常重要的。因为这关乎在转型早期阶段能否找到发挥他们专业技能并为转型做出贡献的领域。

（2）结果。经过一次操作后得到的各方面结果已在表 4.3 中列出，并再次按照指导性原则进行组合。

（3）环境。如前所述，将未来构想划分为相互区隔但又彼此协同的图景，有助于参与转型变革的代表们对未来方向进行分类。通过这种方式，他们便能提出各种可行的工作战略和计划。随后，将其落到实处，参与其中的行动者便可根据自己的专业、能力等明确自身将要采取行动或参与的项目。

4.5 城市可持续转型治理经验及展望

城市规划者、政府官员、企业家和社区活动家以及来自当地高校的学者之间的对话使我们得以重建信任关系、分享观点、共同创作新知，进而向建构更具包容性的构想共同努力。为了评估展望过程的价值，我们检验了如下几项要点，以分析这一过程及内容与当前环境的关联性（Loorbach，2010；Frantzeskaki et al.，2014）。

（1）构想的战略价值，具体评估领域包括该构想能否为与地域认同相关的长期目标、价值、新文化创造合法性。

（2）构想的战术价值，具体评估领域包括该构想能否链接中期目标、调动转型所需的资源、巩固社会网络与合作关系。

（3）构想在实际操作层面的价值，具体评估领域包括该构想能否将短期行动和项目与长期行动和项目联系起来。

（4）构想在反思层面的价值，具体评估领域包括该构想能否作为评价现有范式、思维模式和路线的可行方法。

表 4.3　各转型构想图景与指导性原则的战略目标

指导性原则 1	作为机遇之城的阿伯丁
战略目标	• 拓宽机遇来源范围 • 开放沟通渠道 • 支持民众形成多样化的专长
潜在首要行动	• 评估我们的专长并将其商业化 • 创建绿色增长基金 • 使能源领域的社会商机最大化 • 与高校和科研机构合作并建立智库 • 政府各部门共同参与并建立合作关系 • 增加住房供给，以使居民在负担得起的情况下满足其居住需求

续　表

指导性原则 2	作为旅游胜地和宜居城市的阿伯丁
战略目标	• 维系多元文化和经济 • 推动关于能源使用方面的态度转变 • 进一步提升民众对城市的自豪感 • 使混合工业空间变得更具创造性 • 增加文化空间的多样性并使它们相互联系
潜在首要行动	• 设立步行区 • 重视市中心 • 审视将市中心转变为富有吸引力的空间的潜力 • 为城市推广争取资助
指导性原则 3	作为学习型城市的阿伯丁
战略目标	• 丰富当地知识机构的研究活动 • 增加市民的知识资本 • 推动当地知识机构提供多样化的课程 • 创建城市的学习网络
潜在首要行动	• 在可再生能源、油气能源部门与研究中心之间建立联系 • 在高校中引入关于新能源经济的课程
指导性原则 4	作为交通发达城市的阿伯丁
战略目标	• 提升不同出行方式在各站点间的通达性 • 提升公交服务质量并改善相应的基础设施 • 确保市民能承担得起各种出行方式的费用 • 扩建使用清洁能源的交通工具所需的基础设施 • 提升民众对改变现有行为方式的认知 • 提升混合交通对民众的可得性
潜在首要行动	• 评估公共交通、步行和骑行的发展机遇 • 设立非机动车专用车道 • 设立直达公交线路以减少民众自驾出行的频次 • 发现交通建设中的瓶颈并采取相应措施
指导性原则 5	作为高能效和能源韧性城市的阿伯丁
战略目标	• 增加零碳排建筑的数量 • 为能源需求引入替代性资金 • 增加可再生能源在混合能源中所占的比重

指导性原则 5	作为高能效和能源韧性城市的阿伯丁
潜在首要行动	• 做出一系列符合苏格兰气候变化法案的承诺 • 建立共享经验和计划的学习网络 • 宣传已采取低碳行动的家庭 • 支持供暖网络的扩建工作和低碳转型

在阿伯丁的转型治理展望阶段，转型参与者在思考、建构和激发城市潜能方面均取得了突破。在这些经验的基础上，我们更进一步提炼出了展望过程所应具有的四重治理价值。

（1）战略价值。展望过程一旦启动并与城市环境相适应，可以为厘清城市中的社会痼疾和揭示城市的创新潜力提供空间。即使在社会不公和经济短视使可持续转型步履维艰时也是如此。根据我们在阿伯丁转型治理过程中取得的经验来看，展望过程取得的成果是对各种符合可持续发展价值的期望的整体理解。这一理解为开放性的社会对话提供了基础，扭转了人们的成见并巩固了社会网络，以将转型构想付诸实践。

与此同时，可持续转型面临的主要挑战虽然已被发现，但没有体现在转型构想和指导性原则当中。在应对这些挑战时，转型参与团队虽然以提供技术性解决方案为主，但这一过程本身使他们能够意识到，参与者和市议会在使城市采取更进一步的行动以向人人向往的未来共同努力方面所做的角色转变。

（2）战术价值。由展望而生的构想可以作为行动者网络的吸引要素和动员符号，以号召人们共同突破限制创新的既有实践路径。展望过程通过各种可行性要素在阿伯丁市催生了新的转型构想。转型构想与发展现状的对比，展现了从现状到构想之间存在的行动空间。

构想是政府等主体向变革代表团队进行政治赋权的表征。因为不同转型方案之间的竞争，即"转型竞技场"依然存在，而且变革代表和转型团队双方均从"联系具有共同利益且愿意为转型贡献的人们"的角度，确认这一过程的补充价值观念，所以他们在各种会议和重大活动中仍然竭尽全力地为转型争取新行动者。

我们通过 MUSIC 项目遇见了原本我们不可能遇见的人们，这无疑是极具建设性的。不仅如此，该项目使得职能分工不同的政府部门之间可以达成新的合作协议。以上各部门之间的专长和知识交换体现了上文中的补充价值观念。这些不同纽带之间的协作可以为调动转型所需的各种资源提供有效支持。

（3）实操价值。由展望而生的构想是连接长期行动、规划与短期行动、规划的象征性空间。转型治理路径在引导关于阿伯丁作为可持续发展城市的可能性对话方面被认为十分有效，而不是像以往的某些做法那样只能指出城市的不足，但不提供任何建设性意见。有变革代表指出，由参与者共同构建的构想不仅可以激励个人，而且可以激励整个团队。

变革代表们见证了所有的指导性原则是如何创造关于"未来期望的象征"，并以这种方式号召人们为此而采取行动。通过将构想作为"捕捉关于可持续性期望的象征"，变革代表们不仅将联系缺席的行动者并促使他们共同将可持续转型视为自身的使命，而且主动转变思考和决策方式，这对实现转型过程来说是必不可少的。

另一项显而易见的事实是，市议会在转型中扮演的中心角色是推动后续过程的重要力量，使转型代表们得以继续完成转型构想所要面对的各项任务。变革代表们不想在公共政策法规之外独立做出选择。恰恰相反，即使发现政策结构会阻碍项目目标的实现，他们也会在自身构想与城市主导的项目的重叠之处寻找兴趣点，发现并利用与政策系统的协同机遇而不是对系统采取对抗态度。

（4）反思价值。在关于未来展望以及城市未来可持续发展期许的对话中，参与者们意识到要想实现可持续发展的未来，他们需要在短期行动中协作，注意环境、局势的动态变化，并结合具体形势考虑长期构想。在以上背景下，能源安全和能源平等的问题显然是存在内在关联的，关于包容性、环境健康和地域自豪感的各种愿望也是彼此联系的，而这些愿望之间的冲突则需要公开仲裁。通过对这些辩证的动力和学习活动进行反思，我们认为，展望竞技场也是民众学习的竞技场（Healey，2010）。在阿伯丁的展望竞技场中，我们也观察到（Healey，2010）："人们不仅意识到他们所关切之事是如何与他们的邻人所注重之事彼此关联的，而且也意识到他们关心的问题与那些来自其他地方的人们在讨论中提出的关注点同样存在内在联系。"

参考文献

Aberdeen City Council (2009) Scotland's climate change declaration report 2009

Aberdeen City Council (2010) Scotland's climate change declaration report 2010

Aberdeen City Council (2011) Behind the granite: Aberdeen key facts 2011

Beers PJ, Veldkamp A, Hermans F, van Apeldoorn D, Vervoort JM, Kok K (2010) Future sustainability and images. Futures 42:723–732

Berkhout F, Hertin J (2002) Foresight future scenarios: developing and applying a participative strategic planning tool. Greenleaf, Austin, USA

Bishop P, Hines A, Collins T (2007) The current state of scenario development: an overview of techniques. Foresight 9(1):5–25

Carlsson-Kanyama A, Dreborg KH, Moll HC, Padovan D (2008) Participative backcasting: a tool for involving stakeholders in local sustainability planning. Futures 40:34–46

Frantzeskaki N, Walker W (2013) Concepts and methods of policy analysis. In: Thissen WAH, Warren W (eds) Public policy analysis: new developments, international series in operations research and management science. Springer, Berlin, pp 261–272. ISBN 10: 1461446015

Frantzeskaki N, Loorbach D, Meadowcroft J (2012a) Governing transitions to sustainability: transition management as a governance approach towards pursuing sustainability. Int J Sustain Dev 15(½):19–36

Frantzeskaki N, Ferguson BC, Skinner R, Brown RR (2012b) Guidance manual: key steps for implementing a strategic planning process for transformative change. Dutch Research Institute for Transitions, Erasmus University Rotterdam. Monash water for liveability. Monash University, Melbourne. ISBN 978-1-921912-14-6

Frantzeskaki N, Wittmayer J, Loorbach D (2014a) The role of partnerships in 'realizing' urban sustainability in Rotterda'm's city ports area, the Netherlands. J Clean Prod 65:406–417

Frantzeskaki N, Rogers B, Loorbach D, Brown R (2014b) Designing transition management processes. Principles and applications. Working Paper

Gidley JM, Fien J, Smith JA, Thomsen DC, Smith TF (2009) Participatory futures methods: towards adaptability and resilience in climate-vulnerable communities. Environ Policy Gov 19:427–440

Healey P (2010) Making better places, the planning project in the twenty-first century. Palgrave-Macmillan, New York

Helling A (1998) Collaborative visioning: proceed with caution!: results from evaluating Atlanta's vision 2020 project. J Am Plan Assoc 64(3):335–349

Hughes N (2013) Towards improving the relevance of scenarios for public policy questions: a proposed methodological framework for policy relevant low carbon scenarios. Technol Forecast Soc Chang 80:687–698

Keeney RL (1996a) Value-focused thinking: identifying decision opportunities and creating alternatives. Eur J Oper Res 92:537–549

Keeney RL (1996b) Value-focused thinking: a path to creative decision making: chapter 3. Harvard

University Press, Cambridge, MA

Larsen K, Gunnarsson-Ostling U (2009) Climate change scenarios and citizen participation: mitigation and adaptation perspectives in constructing sustainable futures. Habit Int 33 (3):260–266

Larsen K, Gunnarsson-Ostling U, Westholm E (2011) Environmental scenarios and local-global level of community engagement: environmental justice, jams, institutions and innovation. Futures 43:413–423

Loorbach D (2010) Transition management for sustainable development: a prescriptive, complexity-based governance framework. Int J Policy Adm Inst 23(1):161–183

Nevens F, Frantzeskaki N, Loorbach D, Gorissen L (2013) Urban transition labs: co-creating transformative action for sustainable cities. J Clean Prod 50:111–122

Newman P, Jennings I (2008) Cities as sustainable ecosystems: principles and practices. Island Press, London

O'Brien FA, Meadows M (2013) Scenario orientation and use to support strategy development. Technol Forecast Soc Chang 80:643–656

Ozkaynak B, Rodriguez-Labajos B (2010) Multi-scale interaction in local scenario-building: a methodological framework. Futures 42(9):995–1006

Pichert D, Katsikopoulos KV (2008) Green defaults: information presentation and pro-environmental behavior. J Environ Psychol 28:63–73

Ringland G (2010) The role of scenarios in strategic foresight. Technol Forecast Soc Chang 77:1493–1498

Robinson J, Burch S, Talwar S, O'Shea M, Walsh M (2011) Envisioning sustainability: recent progress in the use of participatory backcasting approaches for sustainability research. Technol Forecast Soc Chang 78:756–768

Rogers T, Bazerman MH (2008) Future lock-in: future implementation increases selection of "should" choices. Organ Behav Hum Decis Process 106(1):1–20

Roorda C, Wittmayer J, van Steenbergen F, Frantzeskaki N, Loorbach D, Henneman P (2014) Transition management in the urban context: addressing climate change at the local level – Montreuil, Rotterdam, Ghent, Aberdeen. DRIFT, Erasmus University Rotterdam, Rotterdam/ Ludwigsburg

Schultz PW, Nolan J, Cialdini RB, Goldstein NJ, Griskevicius V (2007) The constructive, destructive, and reconstructive power of social norms. Psychol Sci 18:429–434

Sheppard SRJ, Shaw A, Flanders D, Burch S, Wiek A, Carmichael J, Robinson J, Cohen S (2011) Future visioning of local climate change: a framework for community engagement and planning with scenarios and visualization. Futures 43:400–413

Shipley R (2000) The origin and development of vision and visioning in planning. Int Plan Stud 5:227–238

Shipley R, Newkirk R (1999) Vision and visioning: what do these terms really mean? Environ Plan B 26:573–591

Sondeijker S, Geurts J, Rotmans J, Tukker A (2006) Imagining sustainability: the added value of transition scenarios in transition management. Foresight 8(5):15–30

The Cities Alliance (2007) Liveable cities, the benefits of urban environmental planning, a cities alliance study on good practices and useful tools. Cities Alliance/ICLEI/UNEP, Washington, DC

Tompkins EM, Few R, Brown K (2008) Scenario-based stakeholder engagement: incorporating stakeholders preferences into coastal planning for climate change. J Environ Manag 88:1580–1592

Van der Helm R (2009) The vision phenomenon: towards a theoretical underpinning of visions of the future and the process of envisioning. Futures 41:96–104

Van Eijndhoven J, Frantzeskaki N, Loorbach D (2013) Connecting long and short-term via envisioning in transition arenas, how envisioning connects urban development and water issues in the city of Rotterdam, the Netherlands. In: Edelenbos J, Bressers N, Scholten P (eds) Connective capacity in water governance. Ashgate Publications, London

Volkery A, Ribeiro T (2009) Scenario planning in public policy: understanding use, impacts and the role of institutional context factors. Technol Forecast Soc Chang 76:1198–1207

Vural-Arslan T, Cahantimur A (2011) Revival of a traditional community engagement model for the sustainable future of a historical commercial district: Bursa/Turkey as a case. Futures 43:361–373

Wiek A, Binder C, Scholz RW (2006) Functions of scenarios in transition processes. Futures 38:740–766

第 5 章

多利基创新与多领域互动关系研究：
以东近江市"福利商城"项目为例

水口悟[①]　太田响子[②]　彼得·J.比尔斯[③]　山口美智子[④]　西村逸朗[⑤]

【摘　要】　本章主要关注在缓慢但具有结构性的地方变迁压力下产生的多利基创新与制度更迭的交互动力。例如，能源转型便是关键且影响广泛的变革之一。它不仅从根本上影响了能源系统，而且还影响了食品供给、能源生产和老龄照护系统以及经济活动模式。多利基创新之间不仅会相互影响，而且还会与其他领域产生交互，但既有的可持续转型研究对其鲜有涉猎。本章调查了日本东近江市的案例，介绍了当地的"福利商城"社区商业项目。该项目成功地将当地的食品供给、能源生产和老龄照护以一种类似于大型商超的方式集于一身。本章的核心问题在于：地方社会环境中民众自下而上的多利基创新是怎样在不同领域产生交互的？

---

① 水口悟，日本环境论坛记者。

② 太田响子（Kyoko Ohta），任职于日本东京大学，主要研究公共政策、危机管理。

③ 彼得·J.比尔斯（Pieter J. Beers），任职于荷兰鹿特丹伊拉斯姆斯大学荷兰转型研究所。

④ 山口美智子（Michiko Yamaguchi），日本东近江市政府官员，参与当地转型治理。

⑤ 西村逸朗（Toshiaki Nishimura），日本东近江市政府官员，参与当地转型治理。

【关键词】 多利基　创新　多层次视角　学习　福利商城　制度更迭　转型治理

5.1　引言

5.1.1　社会变革的影响范围

在多层次视角（Geels，2004；Geels，2011）下，缓慢但持续的地方变迁压力影响着不同社会技术领域的稳定性与可持续性。能源转型便是关键且影响广泛的变革之一。它不仅从根本上影响了能源系统，而且还影响了食品供给、农业生产和健康照护系统以及经济活动模式。彼时，廉价且供应充足的化石燃料占据能源领域的主导地位，改变了许多当时曾存在过的社会技术领域。例如，食品生产曾受制于当地的能源循环系统而长期处于有限的规模之中（Altieri，1985）。但在高油耗机械的帮助下，农业种植业已经成为大规模、高密度且种植单一作物的产业。20 世纪 70 年代中期以后，因石油危机的出现，廉价原油供应出现了波动。在此期间，涌现出了包括有机农业在内的多种农业模式创新。各地也开始将当地生产的可再生能源用于供暖系统、食品生产和消费。这些变革创造了不少的工作岗位并改善了地方福祉。

能源转型与食品生产、农业转型联动的案例表明，不同领域的转型并非孤立发生的。与之相反，转型中的社会系统是开放的，会与其他变革系统产生交互作用。正如格林等人（2010）所认为的那样，许多创新，特别是可持续转型创新，其中包含着许多可能相互影响甚至作用于其他领域的多利基创新。但迄今为止，这一论断未能得到任何科学研究的论证。本章调查研究了日本东近江市的"福利商城"社区商业项目。该项目成功地将当地的食品供给、能源生产和老龄照护以一种类似于大型商超的方式集于一身。该项目在本书写作时仍处于运营中。福利商城代表了多利基的集合。换句话说，它是一个多利基市场。本章主要关注在转型压力下，不同领域面临的共同困难与挑战：民众自下而上的多利基创新是怎样在不同领域产生交互的？这些交互活动又为城市地区的转型治理提供了何种支持？

5.1.2　多层次视角

因为转型通常发生在不同的社会层面上，所以多层次视角（multi-level perspective，MLP）在转型与转型治理研究中也得到了普遍应用。格林等人（2010）强调了多层次视角在理解各种社会技术领域转型中的重要性。在概念层面，多层次视角可分为三层：地方环境、社会科技领域、技术利基（见图5.1）。多层次视角属于中观理论。在该理论中，不同层次是嵌套在组织的层级结构中的。

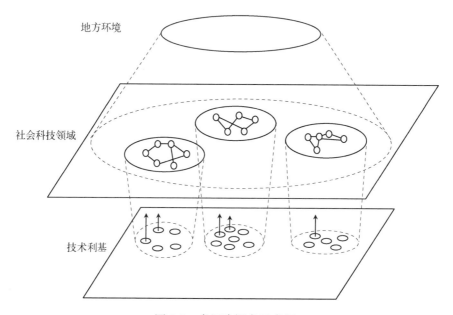

图 5.1　多层次视角示意图

现有的关于多层视角文献主要关注利基和制度之间的关系和相互作用（Kemp et al.，1998；Geels，2004，2011；Schot et al.，1994；Schot and Geels，2008）。根据Geels（2004）的说法，制度包含三种类型的规则：认知规则、调节规则和正式规则。利基蕴藏着与现有制度完全不同的创新。

多层次视角的核心概念认为，转型是通过不同层面的过程之间的相互作用实现的：① 利基创新增强了内部动力；② 形势层面的变化给现有制度造成压力；③ 现有制度的不稳定给利基创新创造了机会。利基创新仍然很重要，但只有将它们与制度和环境层面的持续进程联系起来，它们的外延才会变得更广（Grin et al.，2010）。为了促进这一过程，转型治理学者如洛巴赫（2007，2010）认为，多层次活动的结合是必要的，既有战略必要性，又有战术必要性。也许最重要的是，需要通过反思性活动将持续发展与系统、制度的不断变化联系起来。

转型治理和战略利基治理都强调利基创新的重要性。这两种方法均不是政府以自上而下的方式创造利基市场。相反，这两种方法更关注内部指导。这种指导通过增加新的参与者、特定的学习过程或示范项目来解决转型过程中的很多问题。这样做能够孕育利基创新的转型潜力。在战略利基创新管理理论中，分析重点是微观层面和利基活动者的战略行为。战略利基创新管理理论认为，大环境不会机械地影响制度，这种影响是由参与者的看法、谈判结果和议程设置来改变的。这强调了在利基层面和具体转型领域，学习所具有的重要意义。因此，本章涉及的第一个问题是：各种地方性的利基创新是通过哪些学习过程在一定范围内产生的？

本章的第二个问题与第一个问题有一定关联，但更多的是关于空间或地理方面的利基创新（Coenen et al.，2012）。在某些情况下，不同领域的利基创新会同步发生（Coenen et al.，2012）。当多个利基创新交织在一起并且可以相互加强时，转型就可能会发生。即便在不同利基创新可能会彼此妨碍的情况下也是如此。因此，我们的第二个问题是哪些因素使多个处于同一地理区域的利基市场得以开展良性交互？

本章的第三个问题主要关于制度更迭。某一组织或系统的规模层次越高，其中的组成部分和关系网络也就越多，身处其中的行动者和发展动力也就越迟缓。制度更迭的目的在于影响系统中占据支配地位的结构、文化以及实践模式。针对自上而下的变革，某一制度内的行动者们主要通过防御性措施、被动适应和主动创新三种方式加以应对（Grin et al.，2010）。制度更迭是指将某一转型试验植根于既有的思考、行动和组织结构之中。通过制度更迭，一系列全新且与既有体制截然不同的文化、实践和组织结构获得了更高的影响力和稳定性，并在满足社会发展需求中不断发挥更大作用。制度更迭意味着可持续实践从起初的独特现象逐渐成为主导性或主流实践（Grin et al.，2010；Loorbach and Rotmans，2006）。

如果不同领域存在相互关联的多利基创新，则应存在与之相关的多种制度（Raven and Verbong，2007；Geels，2007）。洛巴赫（2010）认为，在一段时间内，转型或次级转型在不同的时间点以不同的速度发生在一个"复合领域"而非单一领域。因此，本章的第三个也是最后一个问题是：多利基创新和复合领域实现的转型制度迭代的过程是怎样的？接下来，维特梅尔和洛巴赫将从地理毗邻、政策毗邻、人口毗邻、多领域和多尺度交互的角度，探讨城市地域系统中的转型特性。在对以上结果的讨论中，我们也探讨了如何在实践中应用这些城市转型特性。

5.2 案例和方法论

5.2.1 案例：东近江市的"福利商城"项目

"福利商城"项目的前期准备工作始于 2009 年 5 月。项目负责团队为落实该项目，曾于 2010—2012 年召开了多次研讨会。项目于 2013 年 4 月进入运营阶段，当时项目所使用的利基创新工具吸引了当地社区以外的人们的注意。

"福利商城"的可见部分由一家慢食餐厅、相关的老龄照护设施、一家附带木柴工坊的面包咖啡馆和遍布屋顶的太阳能光伏电池组成。其员工包括老年人、青年人和残障人士。对他们来说，此处是工作和学习的场所。

慢食餐厅的运营主要由当地农民、厨艺娴熟且愿意传授地方菜肴做法的家庭主妇和喜欢当地饮食的熟客团体维系。老龄照护中心则由医生、护士、护工、僧侣、普通市民和图书馆的志愿者组成的网络来维持日常运营。附带木柴工坊的面包咖啡馆则是在市民、商业机构和市政府的共同努力下建成的。正如下文将会提及的那样，不同群体的合作将木柴的产出成本降到低于化石燃料产出成本的水平。太阳能电池板则属于市民电力合作社，该组织有 300 名从出售电能中获利的投资人，投资人的利润则以设施收益来偿付。当地民众希望即便自己年老体弱时也能在自己所居住的社区中获得安全感的愿望在福利商城中实现了。由福利商城所织就的社会网络在面临老龄化、经济停滞等压力的情况下发挥了保障当地民众福利的作用。

在后工业和全球化环境中，食品、燃料以及健康照护服务的生产和供给普遍受限。以路径依赖和地方主义的方式维系传统的生产和服务供给模式的尝试，愈发暴露出自身的局限。与此同时，自 20 世纪 70 年代的环保运动和 20 世纪 90 年代的气候变化问题出现以来，对以上传统模式的反思活动也不断涌现。而今，当地产出的食品和可再生能源的市场份额与日俱增。国家层面的健康照护政策在几经修订后，也逐渐从以医院为中心过渡到以家庭和社区为中心。这一健康照护政策方面的改变，要部分归因于 2000 年实施的国家长期照护保险。在以上背景下，福利商城将当地食品供给、能源生产和老龄照护供给的角色集于一身，揭示了一个建立更可持续的社会的可能方向。

在回顾东近江市的背景之后，接下来我们将探究当地食品、能源生产和老龄照护领域的新生事物是如何发展起来的？是怎样与不同领域产生互动的？

5.2.2 东近江市的地理环境

东近江得名于大湖之东，是一座在 2005—2006 年间由 7 个小城合并而成、拥有 120 000 人口的城市。其土地资源分布与日本全国整体情况相似，即 65% 是森林，14% 是耕地，其余的土地则为工业用地、商业用地和住宅用地。东近江向西 40 公里，横跨山岳地带后就是日本古都京都；向东 60 公里，横跨山区后，是名古屋市，即日本的工业之都，也是丰田汽车公司的所在地。

东近江靠近日本最大的湖泊，建有蓄水量丰裕的水库；又临近阪神工业区和名古屋工业区两个日本最大的工业区，许多大公司在东近江设立了工厂，当地居民平日多在工厂和办公楼工作，周末则从事小规模农业生产。

5.2.3　方法论

接下来的案例研究综合运用了以下两种方法：① 通过田野调查和文献研究法探明当地在食品供给、能源生产和健康照护领域中利基创新的实践历程。② 通过深度访谈来了解福利商城的资助计划。

我们在东近江市开展了深度访谈，并分析了官方与非营利组织的文件、会议记录，浏览了当地政府和其他公私组织的网站。大多数访谈活动都是在 2013 年 7 月 18 日至 19 日以及 2014 年 2 月 10 日进行的，并对 10 多位关键人物进行了访谈。访谈对象包括东近江市政府官员、非营利组织的资深员工、滋贺县的资深官员以及各类社区活动家。部分受访者身兼数职。我们在研究中努力对具有多重身份的受访者的观点保持敏感，同时也尽量保留这些具有多重身份的受访者在思维方式和行为模式上的原本特质。

5.2.4　分析

本章的分析主要关注关键人物在多利基创新中的互动以及这些互动是如何作用于一系列催生新事物的事件的。格林等人（2010）强调"在过程理论中，世界是由那些参与重大事件并可能改变自身身份的实体组成的"，"对于过程理论来说，核心主体是独立实体（人物、团体等）"。本章在分析不同利基时，首先着眼于各主要行动者、利基创新实践、基础设施建设等。对于某个利基，在鉴别其中的各种新事物后，我们会分析各种新事物的内在联系。

5.3　多利基创新与福利商城

5.3.1　当地社会概况

自 20 世纪 90 年代中期经济泡沫破灭以来，当地的环境便已发生了变化。随着日元大幅升值和通货紧缩政策的实施，当地有部分工厂破产，其他则迁往海外。工厂外流引发了当地居民的焦虑。随着米价的下跌，当地的农业收入也日益减少。稻米作为日本的支柱性农产品，其减产主要是由国际竞争加剧、农业补贴减少和人口老龄化带来的需求下降造成的。

日本中央政府的财政赤字也使地方政府在医护方面的预算遭到削减。部分公立医院被迫关闭。老龄照护开支也成为预算削减的目标。一种不安感在老年居民中扩散开来。年轻一代也成为经济低迷的受害者，他们即便在接受最高层次的教育后也难以找到全职工作。田野调查和访谈数据表明，对社区生活的日益不安促使居民们重新考虑社区资源优化配置问题。

5.3.2　当地在食品供给领域的利基创新实践

福利商城中的慢食餐厅主要从当地非营利组织承袭了以下几项新举措。

第一项新举措是订制菜单。慢食餐厅的菜单是参考从当地家庭收集的 200 多份食谱制定的。这份菜单因此反映了当地不同时期的各种家常菜肴。它也是 2009 年举办的"发现家常菜"活动的成果之一。在一系列征集活动中，数以百计的参与者带着他们的食谱和菜肴参与其中。该活动的主办方东近江握手会于 2008 年由 5 个非营利组织、4 个社区组织以及当地市政府共同成立。他们的目的是寻找当地尚未开发的资源并将其用于社区发展。通过这一活动，许多当地"濒危"的菜谱不仅得以保存，而且也被年轻一代推广开来。一些参与者以厨师或其他岗位员工的身份加入了福利商城中的慢食餐厅。

第二项新举措是保障当地农产品的多样性，以确保慢食餐厅的食材供应。当地有超过 200 种蔬菜以小农栽培的方式种植。在餐厅主办方的干预下，一些农民开始复种此前由于各种原因而被淘汰的菜品。

第三项新举措是为那些想享用使用当地产出的食材并以当地特有的方式烹饪，但又无法亲自下厨的老年人和商务人士提供餐饮服务。这些餐饮服务是由智力残障人士提供的。这份工作也意味着为这些智力残障人士提供能与他人进行交流的工作岗位。该项目由厚生劳动省提供补贴。

第四项新举措是慢食餐厅为会谈、邻里交流提供免费空间，定期举办培训活动。培训活动的主题从子女抚养到当地食品烹饪，不一而足。

第五项新举措是餐厅为老年人和智力残障人士提供就业岗位。

东近江握手会的核心项目是"爱东菜花工程"。该项目的历史可追溯到 1977 年社会活动家们针对日本最大的淡水湖——琵琶湖污染问题的抗议活动。活动参与者多为试图通过游说活动禁止销售含磷合成洗涤剂的家庭主妇。主妇们还自发将另一种水体污染源——废弃食用油制成了一种可生物降解的洗涤剂。20 世纪 80 年代，市民们曾自行组织了一个收集废弃食用油并将其用于制造肥皂、燃料和肥料的闭环。自 20 世纪 90 年代以来，他们还一直在种植油菜，以满足当地对燃料和肥料不断增长的需求。在这一过程中，环保运动的组织者之一——藤井绚子，自 20 世纪 90 年代以来被任命为农林水产省和环境厅政府咨询委员会的成员。基于在当地的实践经验，她一直积极地围绕可持续问题开展政治游说活动。她对中央政府的政策游说活动有时会为她所在的社会组织争取到补助。"爱东菜花工程"和"发现家常菜"活动都得到了政府的部分资助。

日本的主流农业政策一直在推行单一栽培，并以刺激产量为目的向大农场主发放补贴，但其种子、燃料和肥料始终依赖进口。在 2000 年之前，保护小农和濒临淘汰的蔬菜品种，鼓励慢食，通过循环农业就地生产燃料和肥料等举措，始终没有得到应有的重视。环境问题、气候变化和在财政预算有限的情况下满足地方发展需要，为"爱东菜花工程"等项目的发展打开了窗口。

另一个层面的变化则来自福利预算紧缩。将智力残障人士从税收受益人转变为纳税人成为日本福利领域改革的当务之急。为此，培训智力残障者并让他们向社会提供餐饮服务的项目得到了厚生劳动省的补贴。

总的来说，福利商城中的慢食餐厅是各种新事物的混合体，多样化的菜单基于当地多样化的物产，包括那些濒临淘汰的菜品。通过为老年人和智力残障人士创造工作机会，让他们从事力所能及的工作并激发他们的潜能，慢食餐厅将农业和福利领域联系起来了。所有这些都是通过利基创新发展起来的，并且部分得到了农业和福利领域的补贴。

5.3.3　当地在可持续能源生产领域的利基创新实践

福利商城中附带木柴工坊的面包咖啡馆和市民电力项目，也与慢食餐厅一样承袭了一些当地其他领域的发展成果。这些发展成果还孕育出了创新性的电力生产系统。

首先是居民电力合作社的启动资金计划。该计划的起源可追溯到 2003 年可再生能源组合标准（renewables portfolio standard，RPS）法案颁布之时。该法案在日本首次要求电力公司从使用可再生能源的供应商处购买电力资源。2004 年，八日市新能源推广市民委员会召开了一系列会议，以筹建首个市民电力项目（Nishimura and Nomura，2013）。通过市民投资来筹措启动资金的构想是由几位"局外人"提出的。其中一位是博学多才、来自其他地区且已在别处参与过类似筹资项目的"局外人"。另一位"局外人"则是西村逸朗，他是新能源推广委员会的创始成员。此外，还有一位是想要为孩子寻求更好的教育资源而从京都移居东近江的工程顾问。引入当地资本并向投资人返还销售利润的想法产生于 2009 年。彼时，第二个市民电力项目正在开发中。当地资本使当地经济受益，并给了市民议会一个凝聚当地商人的机会。"当地资本"的概念在一位经产省的官员的推广下，于 2002 年前后流传开来。第二个市民电力项目的一系列筹建会议作为社区环保项目，得到了环境省的部分补贴。在有了前期实践基础之后，福利商城便可使用由自然资源与能源部于 2012 年引入的上网电价补贴（feed-in tariff，FIT）计划。这种源自东近江市，通过动员当地居民投资筹措混合启动资金，引入当地资本并向投资者返还电力销售利润的"东近江模式"——一种经济领域和能源领域利基创新的混合产物——得到了总务省的关注（Ministry of Internal Affairs and Communications，2011）。由政府引入上网电价补贴政策，推动了福利商城的第三个市民电力项目的启动资金筹措工作。

总的来说，福利商城中的市民电力项目是一个新事物的聚合体——由当地可再生能源的生产、市民资助和当地资本混合而成。以上三者共同推动了当地的可再生能源生产，并提振了当地经济。

附带木柴工坊的面包咖啡馆也"继承"了包括东近江社区商业促进会在内的数个当地组织的实践成果。

与化石燃料相比，木柴的生产成本往往更高。这是由于化石燃料的生产得到了政府的补贴。但东近江社区商业促进会却发现由市民、当地商务团体和市政府组成的联合体可以建立一种合作框架，使木柴的生产成本与化石燃料的生产成本相当甚至更低（Nishimura and Yamaguchi，2011）。这一研究得到了总务省的间接资助。该研究清楚地表明，木柴的生产成本主要由收集成本（51%）、加工成本（30%）和运输成本（19%）三部分构成。这项研究也揭示了降低以上生产成本的可行选择。例如，组织市民收集木柴，既是一种休闲活动，也可以作为环保教育活动，还可以降低木柴的收集成本。

另一项新事物是由东近江"可爱家园"生态俱乐部这一非营利组织开发的。该组织发现了一种混合使用政府补贴的新方法，这种方法可以有效降低木柴的生产成本。此项研究由日本烟草（Japan Tabaco，JT）慈善基金会资助。该研究的第一项补贴来自可持续林业计划。该计划由日本林业局主持、以社区林业计划为主要资助对象。该研究的第二项补助来自政府的野生动物数量控制基金。该基金主要用于控制鹿、猿猴和野猪的数量，以减轻它们对农业生产造成的破坏。如果不以乡间林地作为生态缓冲带，野生动物就会为了觅食而闯入农田，毁坏作物。该基金的资金则来自农业水产省。该研究的第三项补助来自厚生劳动省，这一补助旨在为智力残障人士提供合适的就业岗位。借由木柴生产中的团队协作，残障人士在掌握劳动技能的同时，也重新树立了信心。野村光子是非营利组织——残障人士赋能中心的负责人，她创造性地将补助用于木柴生产。她一直是为残障人士创造工作机遇的先锋。

在以上几个案例中，市民的参与对于木柴生产而言至关重要，因为大多数林业劳动需要仰仗市民的志愿活动。东近江的市民早在20世纪90年代后期便对此深有体会。彼时，一片退化的乡间林地被辟为垃圾填埋场，由于生态缓冲带的缺失，野生动物频繁造访填埋场附近的农田。20世纪70年代以来，日元升值以及木材自由贸易和廉价化石燃料的大量出现，使得生产木材对林场主来说不再有利可图，导致他们对林场漠不关心。荒废的林场吸引了非法废弃物倾倒者和野生动物，这在 20 世纪 80 年代到 90 年代进一步加剧了林场的退化。

在 20 世纪 90 年代中期，有部分居民自发组织清理森林，因为那里有他们儿时的美好回忆。他们修剪了灌木丛，清理了垃圾，并开辟了巡林用的林间小径。通过以上举措将森林变成了一个可漫步、嬉游和学习自然知识的理想之所。其中的代表之一是武藤清三——当地市政府的资深财政官员。他计划将政府的废弃物处理经费用于清理林间垃圾。如今，一个配备了三名全职员工的自然教育中心已坐落在林中（Mizuguchi，2013）。

总的来说，福利商城中的木柴工坊是一个新事物的聚合体。一方面，它连通了林业、废弃物处理和福利领域；另一方面，它串起了志愿活动和商业部门。而以上两方面均起源于居民的创新实践，并得到了慈善基金、地方政府和中央政府的部分资助。

市民电力项目和木柴生产是彼此独立发展起来的。但它们的背后都有同一群"关键人物"的身影。这些关键人物均来自东近江"可爱家园"生态俱乐部这一学习型组织。

5.3.4　老龄照护领域中的利基创新实践

福利商城中的老龄照护中心也从多个当地组织"继承"了若干新事物。其中就包括我们接下来要提到的"从社区视域思考医疗照护与福利问题的市民圆桌会议"。老龄照护中心旨在提供包括面向残障老人在内的居家照护服务。

这些新事物得到了由医生、护士、护工、僧侣、市民组成的社会网络的支持。由于过度追求专业化，日本的医疗体系处于割裂状态，缺乏协同机制。自 20 世纪 70 年代日本的医疗产业快速增长以来，向通才型医疗专业人士咨询也变得愈发鲜见。老龄照护也由于以上原因变得日益割裂和复杂化。传统上，政府主要依赖家庭成员特别是家庭主妇和邻里向老年人提供医疗照护，政府的福利安置系统仅承担一部分照护工作。在经济繁荣的 20 世纪 60 年代和 70 年代，政府的老龄照护政策由于种种原因而变成某种"错误的尝试"。其中的典型政策错误之一便是于 20 世纪 70 年代为 65 岁及以上老年人提供免费医疗，这一政策不久后便被废止。20 世纪 90 年代后，由家庭和邻里提供老龄照护服务在日本的许多地区已不再可行，厚生劳动省开展了多次研讨会议，并在部分试点城市开始引入国家长期照护保险的试点项目①。这也是日本老龄照护从以家庭照护为主转向以专业机构为主的转折点。北川健二作为东近江的代表也参与了长期照护保险试点项目的讨论。

长期照护保险推动了因老年人口增长而激增的老龄照护产业的增长。但是老龄照护与医疗护理之间仍然缺乏足够的协同。此外，由于通货紧缩政策造成的政府财政预算减少，进一步加重了社会福利预算负担。老龄照护领域的支持者们再次将目光投向了社区照护。他们召开了关于如何从昂贵的私营疗养院向居家照护转型的研讨会。东近江市在养老和医疗照护领域的利基创新引起了他们的注意。

2009 年 5 月，来自老龄照护、医疗、环境领域的先行者们组建了"福利商城"项目的前身。太田清三是其中的参与者之一。他注意到了现行老龄照护政策和方案中的空白。他的梦想是让老人们在身体每况愈下的情况下也能获得安全感（Lovely Town Eco Club，2012）。另一名关键人物是野村雅二，他是一名资深的市政府官员，也是"爱东菜花工程"董事会成员。他一直致力于将环保、食品、老龄照护的政策整合到社区振兴中去。木下武则是又一名关键人物。他自 2007 年便组织了由医生、护士、护工、僧侣、普通市民参与的"从社区视域思考医疗照护与福利问题的市民圆桌会议"。市民圆桌会议每隔数月召开一次，讨论如何协调老龄照护和医疗系统中的众多组织。与会者的目标在于以相对低廉的成本组建一张无缝老龄照护网络。他们已经在不同的医疗和老龄照护组织中建立起联系，共享病患的医疗数据。这一工作为在社区中组建老

① 2000 年，日本政府引入了长期照护保险系统。这一社会保险系统旨在应对社会对各种照护服务需求的快速增长，并得到了商业组织的协助。该保险系统因被众人视为迈向"社会化照护"的标志而被寄予厚望。

龄照护的无缝网络奠定了基础。

在老龄照护系统中出现的新事物主要有：① 跨越医疗和老龄照护系统的藩篱，建立扁平化的联系；② 共享病患医疗数据。当时日本的医疗和老龄照护机构既没有将病患资料数据化，也没有建立病患信息共享机制。日本中央政府之所以对东近江市在以上方面取得的发展表现出浓厚的兴趣，是因为日本迫切想要鼓励医疗机构和老龄照护机构间的合作，以减轻政府的财政负担。因此，政府决定于 2012 年为福利商城的硬件设施提供补助。

5.3.5　福利商城：食品、能源和老龄照护领域的多利基创新

在 2008 年之前，出现在食品、能源生产和老龄照护领域的新事物均处于独立发展的状态。但多名关键人物愈发强烈地意识到他们之间需要增强合作，以在建立可持续社区方面更进一步。为此，他们开发了"先行者地图"等组织工具。

与此同时，若干事件的发生为身处不同空间的关键人物提供了合作的契机。首先是关于低碳城市的未来构想；其次是中央政府向地方自治组织释放了更多利好；最后是长期照护保险制度的修订。这三起事件成为多利基创新的催化剂。

其中一名关键行动者是山口美智子——一名有着林业工程专业背景、毕业后在县政府工作的中层市政官员。2008 年，文部科学省科学基金会恰巧选择了东近江市作为发展 2030 年低碳城市构想的试点城市。该基金会启动了一个实现低碳社会的科学基础项目。2008 年 1 月，日本时任首相宣布日本到 2050 年的减排目标是在现有碳排放量的基础上减少 50%。但地方上关于碳减排的知识和技能仍处于缺失状态。

东近江市和滋贺县的环境研究机构携手合作，以探究通过地方经济创新在 2050 年实现碳排放减半的构想和路线图。在进行社会经济学分析和模拟的同时，他们还召开了一系列名为"低碳构想环保圆桌会议"的研讨会。在这些研讨会中，回溯法和情境开发法得到了广泛的应用（Naito，2012）。为了组织圆桌会议，山口美智子和她的团队认为，不仅要邀请环保领域的关键人物，而

且要将农业、林业、商业、工业、福利、医护、城市规划等领域的关键人物纳入其中。他们认为有必要绘制一张当地的"先行者地图"。

山口美智子为组织另一个环保项目，已经自行准备了一张"先行者地图"。虽然这张"先行者地图"仅列举了环保领域的先行者，但它为新的"先行者地图"提供了基础。她的团队成员帮助她绘制了一张更详细、包括其他可持续发展领域关键人物的地图。他们选拔先行者的标准是：独立且愿意和来自其他领域的先行者共事，并能积极有效地思考。

2008 年 8 月，长期占据执政地位的自民党在大选中败选，日本民主党作为新执政党开始推行地方自治、地方可再生能源的生产和储备，并积极寻找成功案例。时任东近江市市长的西川久雄和另一位市政官员山口美智子被指派负责此项工作。凭借市民电力项目、"爱东菜花工程"、"从社区视域思考医疗照护与福利问题的市民圆桌会议"等新生事物，东近江被视作"成功实践的典范"。东近江市设立了绿色和地方自治分部，由野村雅二任负责人，山口美智子是成员之一，负责寻找和组织当地先行者，就像她之前所做的那样。

从 2010 年到 2011 年，"低碳构想环保圆桌会议"召开了 20 次，为当地的先行者提供了了解各种关于低碳城市和可持续发展新观点的机会。在同一时期，先行者们也根据"先行者地图"组织了各种非正式的研讨会。

在 2007 年到 2009 年间，不止一位关键人物开始意识到多利基创新对于城市的可持续发展而言是必不可少的。他们在 2009 年组建了一个有着 9 名成员的管理委员会以筹建福利商城。在 9 名成员中，来自残障人士照护、老年人照护和食品生产领域各有 2 人，此外还有 3 人是外来顾问。他们还建立了一个机制以允许不同的利益攸关方代表和市民参与福利商城的研讨。

在同一时间，福利商城中的服务项目被确定下来：向智力残障人士提供工作培训和工作场所，向老年人提供日间照护服务，建立一间提供当地美食的餐厅。该计划还包括由职业训练中心向残障人士、日间照护中心的老年人和他们的家庭成员提供送餐服务。在福利商城投入运营之前，以上每项服务都已运营了 3 到 4 年。在福利商城中，建立了一个统筹各项服务和负责物业管理的管理委员会，将 3 种不同的福利设施整合到一起，并使它们在不同福利领域发挥更多作用。

资金问题是福利商城项目最初面临的最大问题。厚生劳动省老健局当时正负责国家长期照护保险项目，并在寻找能以地方自治的方式填补经费日益枯竭的地方保险系统的创新典范案例。经过多方沟通，他们与福利商城项目主办方顺利接洽。

老健局打算将福利商城项目的做法大范围推广。福利商城的建立是由市级政府向相关部委提出的。项目的实施范围曾被限定在那些城市照护服务协议中写明的服务。根据我们的访谈结果，上级部委在收到福利商城的申请要求后，拟变更服务范围。那一年，新增了一个名为"项目建议许可"的服务范畴，从而使申请人在以更加灵活的方式使用许可的同时，仍与市政府保持合作，并使捐赠方从创新性和可行性的角度对其进行详细审查。数名东近江市政官员的深度参与，对于福利商城项目的申请来说是一项优势。建立福利商城的申请于2012 年获得通过，福利商城则于 2013 年春季投入运营，有许多来自其他城市的代表和一些中央政府官员曾到场参观。

5.4 反思：多利基与复合领域间的交互作用

转型是长期过程，需要四五十年，但取得转型过程中的关键性突破却相对较快，可能只需要十年时间（Grin et al.，2010）。从筹建会议到福利商城投入运营只需要五年，但与福利商城相关的各种新事物的发展和互联却耗费了十多年，从推动反污染运动算起，则已过去了四十年。如此看来，福利商城是由东近江市内外的多个转型项目合并而成的（见图 5.2）。

本章的第一个问题是：各种地方性的利基创新是通过哪些学习过程在一定范围内产生的？案例研究表明，在东近江市，以下各要素的组合创新产生了重要影响。首先是由身处地方、具备专业知识的企业家以及来自中央政府和地方政府转型先行者组成的行动者网络。先行者们愿意在不同领域工作。有趣的

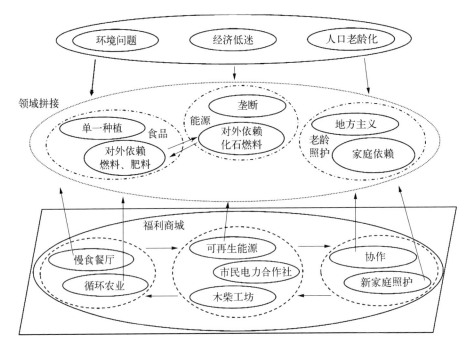

图 5.2　东近江市多利基创新与复合领域互动的分析示意图

是，他们中的大多数人都是东近江握手会和"爱东菜花工程"等学习型组织的成员。在这些社会网络中，参与者通过交流了解到日本和世界其他地方的社区究竟发生了什么。更重要的是，这些社会网络同时可以提供经费等战略性保障，从而为活跃的可持续发展转型试验提供支持。这样一来，转型参与者便在追寻一个行动和反思的学习闭环。这一闭环的角色类似于转型治理中的试验和监督过程，而这些社会网络也使人联想起转型治理竞技场。

此外，多名转型参与者具有多重社会身份：① 一份获取稳定收入的本职工作，如政府官员、非营利组织成员或企业主；② 一份旨在改变社会和现有环境的兼职工作，如非营利组织成员、社会活动家和社区积极分子；③ 一份基于地理空间的工作，如农民、护林员或当地寺庙、社区、邻里互助组织的志愿者或社工。多重社会身份使得关键人物具备打通多个领域的优势，能够连接具有不同价值的群体。

本章的第二个问题是：哪些因素使多个处于同一地理区域的利基市场得以

开展良性交互？一些进化论和创新研究者认为，根本性的创新通常出现在外部或既有领域的边缘。因为是边缘，免遭主流市场的拣选，更容易孕育新生事物（Grin et al.，2010）。在地理方位上，东近江位于京都和名古屋之间，这意味着东近江坐落在两个社会经济与文化中心的边缘，京都和名古屋均未对当地产生支配性的影响。由此看来，地理上远离特定区域可以为转型创新提供保护性的空间。

本章的第三个也是最后一个问题是：多利基创新和复合领域实现的转型制度迭代的过程是怎样的？东近江市的案例表明，对中央政府提供的资金和"项目建议许可"等上级政府授予的特许权的运用，在制度迭代中发挥了重要作用。一个新项目要想成功，就要使政府许可与本地和上级市政官员的思想、行为模式达成某种一致。项目参与者同时需要抓住可能的机遇，给项目争取更多官方和非官方支持。

地方问题经常横跨不同政府部门。不同区域的行政权力对与变革有关的许可申请提出了不同的标准。通过由中央政府授予的项目建议许可，多利基创新在行政层级上实现了升级。本案例对制度迭代转型研究在实践层面的贡献在于：一项战略性的资助计划可以通过鼓励不同领域和体制的试验实现整合，以提升利基创新的行政层级。这一结果展示了多层级互动在其中所扮演的重要角色（Wittmayer and Loorbach，2016）。

整体而言，东近江市福利商城的案例在战略、战术和实操层面与转型治理有许多相似之处。但最重要的是，福利商城案例在反思活动方面与转型治理的关联性。这种反思活动不仅以"学习网络"的形态被付诸实践，而且还使转型者得以共同研讨当地环境的变迁，并从多层次和多领域理解新的关系。

一名来自环境省的官员，尽管他并不直接掌管食品、能源生产和老龄照护领域，但他也对福利商城项目表现出了浓厚的兴趣。这些创新项目是在一个非正式的"转型竞技场"中由社会网络创造的，而不是在正式且通常由部门高度分工而彼此分隔的环境下产生的。同时，福利商城项目还得到了来自不同部门的资助计划的支持。这使得福利商城项目能够取得成功，并在不同政策领域和不同政府部门产生了广泛影响。环境省的官员决定在当地的另一区域资助建立第二个福利商城，部分原因是他们认为当地实现食品、能源生产和老龄照护的自给可以推动低碳社会的发展。这一源自地方的利基创新，如今已被中央政府部门作为纾解地方压力的战略而得到推广。

参考文献

Altieri MA (1985) Agroecology: the science of sustainable agriculture. Westview Press, Boulder

Coenen L, Benneworth P, Truffer B (2012) Toward a spatial perspective on sustainability transitions. Res Policy 41:968–979

Geels FW (2004) From sectoral systems of innovation to socio-technical systems: insights about dynamics and change from sociology and institutional theory. Res Policy 33(6-7):897–920

Geels FW (2007) Analyzing the breakthrough of Rock'n'roll (1930–1970): multi-regime interactions and reconfiguration in the multi-level perspective. Technol Forecast Soc Chang 74(8):$ 32#1411–1431

Geels FW (2011) The multi-level perspective on sustainability transitions: responses to seven criticisms. Environ Innov Societal Transit 1(1):24–40

Grin J, Rotmans J, Schot J, Geels i F, Loorbach D (2010) Transitions to sustainable development: part 1. New directions in the study of long term transformative change. Routledge, New York

Kemp R, Schot J, Hoogma R (1998) Regime shifts to sustainability through processes of niche formation: the approach of strategic niche management. Technol Anal Strat Manag 10(2):175–196

Loorbach D (2007) Transition management. New mode of governance for sustainable development. PhD thesis. Erasmus University Rotterdam

Loorbach D (2010) Transition management for sustainable development: a prescriptive, complexity-based governance framework. Governance 23(1):161–183

Loorbach D, Rotmans J (2006) Managing transitions for sustainable development. In: Olsthoorn X, Wieczorek AJ (eds) Understanding industrial transformation: views from different disciplines. Springer, Dordrecht

Lovely Town Eco Club Aito (2012) Mi-chi-bu-shi-n: town planning through strength, intellect, and people's power (in Japanese)

Ministry of Internal Affairs and Communications (2011) Discussion papers for green and local autonomy model cities, from April 28, 2010 to March 1, 2011 (in Japanese). main_sosiki/kenkyu/bunken_kaikaku/index.html

Mizuguchi S (2013) Higashiomi's Welfare Mall, challenge for local self-reliance for food, energy and care (in Japanese). August issue of Housing Tribune Magazine, Sohjusha Publishing, Japan

Naito M (2012) Vision and method of friendly to nature society, practice at Shiga: report to Socio-science Foundation of Japan (in Japanese)

Nill J, Kemp R (2009) Evolutionary approaches for sustainable innovation policies: from niche to paradigm? Res Policy 38(4):668–680

Nishimura T, Nomura M (2013) Citizen's power cooperative at welfare mall (in Japanese). Jpn Environ Technol Acad J 13:92–93

Nishimura T, Yamaguchi M (2011) Feasibility study on regenerating local forest for fuel through collaborative planning with citizens (in Japanese). Jpn Environ Technol Acad J 11:88–89

Raven R, Verbong G (2007) Multi-regime interactions in the Dutch energy sector: the case of combined heat and power technologies in the Netherlands 1970–2000. Technol Anal Strat Manag 19(4):491–507

Regeer B, Mager S, Van Oorsouw Y (2011) Licence to grow, innovating sustainable development by connecting values. VU University Press, Amsterdam

Rip A (2006) A co-evolutionary approach to reflexive governance – and its ironies. In: Voss J, Bauknecht D, Kemp R (eds) Reflexive governance for sustainable development. Edward Elgar, Cheltenham

Saito Y, Auestad KA, Waerness K (2010) Meeting the challenges of elderly care: Japan and Norway. Kyoto University Press, Kyoto

Schot J, Geels FW (2008) Strategic niche management and sustainable innovation journeys: theory, findings, research agenda, and policy. Technol Anal Strat Manag 20(5):537–554

Schot JW, Hoogma R, Elzen B (1994) Strategies for shifting technological systems: the case of the automobile system. Futures 26(10):1060–1076

Vernay AL, Pesch U, Van Bueren E et al (2014) Niche entrepreneurs in sustainable urban development. Paper presented at the 5th international sustainability transitions conference, Utrecht

Wittmayer JM, Loorbach D (2016) Governing transitions in cities: fostering alternative ideas, practices and actors, Chapter 2. In: Loorbach D, Wittmayer J, Shiroyama H, Fujino J, Mizuguchi S (eds) Governance of urban sustainability transitions, pp 17–36. Springer, Tokyo (this volume)

|第6章|

根特市的气候转型治理

凯瑟琳·霍尔舍[①]　克里斯·罗达[②]　弗兰克·内文斯[③]

【摘　要】　根特市政府于 2011 年基于转型治理原则启动了"气候竞技场"，以制订计划、采取行动，并动员市民共同实现 2050 年碳中和的宏大目标。本章分析了根特市政府为实现气候中立转型的长期承诺而对参与其中的行动者进行赋权的举措，从中总结转型治理经验。

【关键词】　城市治理　气候中立　赋权　转型治理　协同创新　变革代表　气候治理　低碳城市

6.1　引言

6.1.1　根特市气候治理的决心

2007 年，根特市议会宣布了要在 2050 年实现碳中和的宏大目标。市议会

---

① 凯瑟琳·霍尔舍（Katharina Hölscher），任职于荷兰鹿特丹伊拉斯姆斯大学荷兰转型研究所。

② 克里斯·罗达（Chris Roorda），任职于荷兰鹿特丹伊拉斯姆斯大学荷兰转型研究所。

③ 弗兰克·内文斯（Frank Nevens），任职于比利时法兰德斯技术研究所（Flemish Institute for Technological Research，Mol，Belgium）。

同时也承认，由于该市的政策执行效率较低，所以这一目标唯有在城市人口普遍参与的情况下才能实现。为了探索未来碳中和城市的应有面貌，了解实现这一宏愿所需的一切资源，动员城市中的行动者采取实际行动，根特市于 2010 年实施了转型治理。市政府为 17 名具有不同背景的变革代表准备了一个非正式但组织良好的"气候竞技场"（Nevens and Roorda，2013）。气候竞技场的参与者们被要求以超越常规的方式思考并制订碳中和城市的构想方案和行动规划。实际上，可通过向行动者们赋权来影响当前社会向可持续社会转变的进程。这种赋权方式可被概括为："让人们自行塑造他们所处环境中的可持续性，并通过这样做推动人们期望的转型向着可持续的方向发展。"（Loorbach，2007）。换言之，管理主体应当通过创造受保护的空间、不同领域的行动者间的互动和就当前挑战和未来机遇达成共识等方式，对参与其中的行动者进行赋权。假定这种方式播下了某种超越转型竞技场设立初衷的"变革之种"，通过全民参与和实实在在的试验来寻求可持续转型（Loorbach，2007，2010；Rotmans and Loorbach，2011；Avelino and Rotmans，2009）。

6.1.2　聚焦转型治理带来的赋权问题

赋权的概念与环保决策制定从"管理"向"治理"的转变有着内在关联。这一转变以个体行动者的参与为主要特征（Davies and White，2012；Driessen et al.，2012）。必须承认，赋权可能仍然是一个非常抽象的概念，但研究转型的学者们已开始从理论和实践两方面研究转型治理过程中这一概念是如何被运用的（Avelino，2009，2011；Hölscher et al.，2014）。人们迫切需要更多洞见以更好地理解赋权的概念，并指导实践。我们从为参与其中的变革代表们赋权的角度，对根特气候竞技场的早期分析结果进行了总结。在本次分析中，我们主要关注两个细节：第一，对变革代表们的赋权有短期和长期之别。前者与对气候竞技场研讨会参与者进行赋权有着更直接的关联，后者却意味着在长期层面建立一种"转型氛围"，并在某种程度上由众人沿着竞技场中衍生出的"人人追求的转型"方向自行推动实现碳中和。在转型治理的研究文献中，关于长期层面"超越竞技场"的转型治理过程的研究少之又少。第二，基于对根特"气候竞技场"的研讨过程和后续观察，我们也希望能够解释将政务官员纳入转型治理团队的潜在益处。我们假设他们可能甚至应当与气候竞技场的参与者们共同经历通过赋权追求碳中和的宏大目标的过程。

因此，我们基于根特市的案例提出了以下研究问题：

（1）为实现碳中和的目标，参与转型治理过程的行动者们在何种程度上经历了短期和长期赋权过程？

（2）从这次关于行动者赋权的转型治理过程中，我们可以总结出什么经验？

6.1.3 方法论

我们在本章中进行了一次定性的深度案例研究（Gerring，2004）。我们的研究基于根特转型治理过程中不同时间节点的资料，这些时间节点覆盖了根特转型治理的全过程。在案头研究中，我们回顾了转型治理的研究文献，以总结评估转型治理过程和结果的标准。案头研究的分析内容包括该市的官方文件、网站内容、新闻报道、各类手册等媒体资料，以及灰色文献，如项目过程报告、内部研究报告和气候竞技场会议的备忘录。实证研究则包括本章作者对其中参与者进行的数论访谈和调查。笔者在气候竞技场会议召开之前、之中、之后以及会议结束后半年，均对以上受访者进行了附带开放性问题的半结构化访谈。调查活动则在气候竞技场会议刚结束和结束半年后进行了两次。因为两位作者曾作为转型治理专家参与了这一转型竞技场的实施过程，所以收集了一些额外的资料。两位作者的部分研究结果以论文（Hölscher，2013；Maas et al.，2012）、科研文章（Nevens et al.，2013；Nevens and Roorda，2013；Hölscher et al.，2014）、过程报告（Roorda et al.，2014b；Roorda and Wittmayer，2014）和工作论文（Roorda et al.，2014a；Wittmayer et al.，2011）的形式发表。笔者通过统计调查报告中的词频均值以分析其中的高频词汇代表的价值取向（Bryman，2004）。为了得出关于赋权层次的结论，笔者基于此前确立的评估标准对访谈记录以及其中方案的可操作性进行了分析（Hölscher，2013）。

6.2　根特市的气候转型治理背景

6.2.1　根特市的历史和政治环境

　　根特是位于比利时北部的弗兰德斯区的第二大城市，有超过 247 000 名居民。这座城市的历史可以追溯到公元前 500 年左右。当时根特市位于一个与河流相连的沼泽地区，不适合农业生产，但适合养殖绵羊。这一地理环境促进了当地羊毛产业的繁荣。大约在公元 1000 年到公元 1500 年之间，根特市是欧洲主要的工业和贸易城市之一。在经历了一段衰退期后，工业化的棉麻纺织业的引入，带来了新的经济增长点，并使根特成为欧洲大陆首批开始工业革命的城市之一。在那个时期，根特开埠并成为比利时第二大港口，还发展成一座著名的大学城。在 20 世纪 70 年代，根特已成为一座工业化程度高但污染严重的城市，并面临着由知识经济和服务业日益增长带来的经济转型的挑战。当地管理者提出了诸如将部分市中心划为无交通区、提升地表水质等重要建议，以改善城市环境。此外，这座城市还开始发展文化活动，其中最有名的是"根特节"（Gentse Feesten）。这一节庆活动逐渐发展成一年一度的活动，成为每年吸引170 多万名游客的夏季庆典。某些往日遗留的特征也在影响着这座城市的今天（Maas，2011）。根特也是弗兰德斯地区的政治孤岛：在其他周边城市于 2012年大选中普遍表现出右翼倾向时，左翼政党却在根特胜选。这便是这座城市进步且富有活力的掠影。

6.2.2　根特市的城市气候治理

　　早在 1996 年，根特便已加入气候联盟这一由欧洲各城市和自治市组成，旨在减少温室气体排放的城市网络。自 1998 年以来，根特市定期起草环保与能源政策计划。在 2007 年，因环境、城市发展和住建领域的市议员提出倡议，根特市制定了于 2030 年将碳排量减半，于 2050 年成为碳中和城市的宏大目标（Balthazar，2008）。这两项关于气候和能源的宏大政策计划于 2008年得到确立。根特市市长于 2009 年签署了欧洲市长联盟协定。该协定意味着根特的减排量需要在 2020 年前超过欧盟制定的 20% 的减排目标，以及符合比利时和弗兰德斯政府制定的更高的减排目标（EC，2012；Maas，2011）。在环保部门为应对气候变化而制定的整体目标之外，根特还成立了一个由 8 名政府官员组成的气候治理团队。这一团队有两重目标：学习和参与。因此，这一团队开始了量化研究，并致力于以引人注目的方式发布各种令人警醒的信息。

从那时起，城市的管理者就已意识到，此前制定的关于气候变化和减排的宏大目标唯有通过全民参与的决定性行动才能得以实现。因此，在 2009 年，根特气候联盟（Gents Klimaatverbond）成立。在根特气候联盟的引导下，根特致力于动员当地市民和企业共同起草一项全新的、宏大的且能实现碳中和的气候计划。此外，在 2010 年，根特环境部门发布了鼓励市民参与气候治理的任务。这一过程由于符合 MUSIC 项目的宗旨，并得到其资助。根特也成为该项目的伙伴城市之一。这一切导致了根特"气候竞技场"的启动。

6.3 根特市的气候转型治理进程

在 MUSIC 项目实施期间，管理团队针对城市环境对转型治理进行了调整（Nevens et al.，2013；Roorda et al.，2014b）。图 6.1 呈现了根特气候竞技场举办的概况。接下来将详述这一过程中的准备、实施、结果以及后续情况。

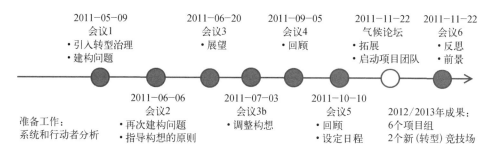

图 6.1　根特气候竞技场启动的时间线

6.3.1　准备

6.3.1.1　转型团队

在一些初步重组后，2 名来自环保部门的政务官员、2 名来自转型促进联合组织的成员[①] 和 1 名外来的转型治理专家[②] 组成了转型团队。转型团队在这一过程中的职责是准备和指导竞技场会议，选择参与者并完成其他任务。即使面临由本职工作带来的时间压力，转型团队中的 2 名积极的政务官员还是为气候竞技场投入了相当的时间。然而，其他行政部门的人员并没有提供多少支持，这部分是由于他们对这一过程持疑，怀疑其是否与自己的工作有关。

气候竞技场对于灵活性的需求和使之与各种相对开放但难以预测的动力相适应，得到了环境部门的负责人和相关领域市议员的部分许可。他们对这一过程持支持态度，但政务官员习惯于掌控一切的传统态度和向各级官员做出政治承诺，从一开始就给这一过程施加了大量的时间压力，从而明显限制了竞技场参与者们在该过程中的协同创新活动。

6.3.1.2　系统分析

在最初的几个月，转型团队在一位研究者的鼎力支持下（Maas，2011；Maas et al.，2012）开展了一项使用 SCENE 模型（Grosskurth and Rotmans，2005），对根特市的社会、经济和生态进行全面评估，勾勒其历史轮廓并预测其未来趋势的系统分析。这一分析建立了对城市的系统概观，发现了问题区域以及城市在未来可能的优势，并指明了环境、经济和社会领域的内在联系，因此也从中发现了气候问题具有跨部门、顽固、系统化的特点（Maas，2011）。

---

① 其中包括本章的第三作者。

② 本章的第二作者。

6.3.1.3　气候转型治理组织的组建

在系统分析之余，转型团队还开展了一项行动者分析，以识别系统分析的访谈人选，并筛选气候竞技场的参与者。转型团队从一份长名单开始，随后通过绘制行动者地图对其进行筛选，并得到一份简要但可靠的行动者名单，最后从中选出了 20 人。最终，一个由 17 名性别、年龄、背景不尽相同但都热心于可持续发展的成员组成的核心气候论坛小组宣告成立。

6.3.2　气候竞技场会议

6.3.2.1　问题建构

来自系统分析的洞见在第一次会议期间得到了展示并引发了讨论。关于七项城市的外引优势——真实性、劳动力、水、知识、宜居性、和谐、活力（Nevens and Roorda，2013）引发了一场讨论。在这场讨论中，经由能源匮乏和市民的整体福利等问题，引出了关于气候问题的各种初始观点（Maas，2011；Maas et al.，2012），由此揭示了各种有趣且令人惊讶的联系。

6.3.2.2　展望

在第二次和第三次竞技场会议中，竞技场成员为在 2050 年建成可持续发展的根特制定了基本原则。例如，建立无车内城，摆脱对化石燃料的依赖，企业向城市和市民提供社会回馈。这一目标既顾及了"抽象的"未来思维，也考虑到了针对短期问题出现的新想法。虽然与会者们由于时间有限而无法制定详尽的构想，但仍有部分参与者认为不应在这一步投入太多时间，因为他们感觉该步骤过于抽象且与实际参与无关。

6.3.2.3　未来预测和议程设置

第四次竞技场会议的重点是由参与者们共同对未来进行预测。由 17 位成员进一步划分出来的 4 个子团队根据此前的展望，找出了 20 条转型路径，并确定了其中数条路径中的里程碑和应当采取的行动。转型团队中的政务官员完成了余下的转型路径确认。为了确定不同路径的优先级，第五次竞技场会议邀请了新的行动者，这是因为他们与转型路径涉及的领域有关。5 名参与者在某条特定的转型路径制定中发挥了领导作用，并且他们愿意继续领导一个子团队去制定一个他们想要在现实生活中实现的转型试验。

在第五次竞技场会议结束时，转型团队中的政务官员宣布本次会议是最后一次会议。这一结果对于部分参与者而言是意料之外的事，因为他们觉得需要更多的时间和努力来继续已经开始的工作。转型团队成员和其他参与者之间的大量私下交流部分缓解了这种不悦情绪，该团队做出了进一步承诺，至少保证接下来按之前与参与者们的约定，推动气候论坛的召开，为人们提供展示想法的平台。

6.3.3　气候竞技场会议的结果

根据转型治理的相关文献，一个转型竞技场应当通过发布具有挑战性的宣言和引入新实践来促成可持续转型的行动（Loorbach，2007，2010；Frantzeskaki et al.，2012）。以上过程的实现，在根本上取决于新思想的传播、新行动者的参与程度以及将转型构想化为现实的创新活动的发展情况。

6.3.3.1　转型思想的传播和公众参与

在 2011 年底和 2012 年初，环境部门和气候竞技场的参与者们广泛传播了他们的想法，并吸引了更多行动者。为了达到以上目的而组织了重大活动——气候论坛。在论坛筹备时，气候竞技场的参与者必须"邀请"他们认为会对新兴的转型试验有帮助的人们参会。100 余名对气候治理表现出浓厚兴趣的人加入了该论坛。他们被主办方告知了气候竞技场迄今为止取得的全部成果，参与了围绕特定主题组织的"气候工作组"（climate working groups，CWGs），并进一步开发额外的转型试验。

在 2011 年末，源自气候论坛的各种观点以"转型杂志"的形式传播开来，以实现转型竞技场中提出的构想。转型团队为每一名气候竞技场的参与者定制了一本个人专属版的转型杂志，杂志封面上印有参与者的照片，在过程和构想简介后还附有该参与者的个人访谈。

为了针对政务官员开展游说，转型团队和由气候论坛参与者组成的小组在市议会上分别展示了气候竞技场的工作成果。在 2012 年末的市议会选举中，3 个参选政党均在气候治理措施方面表现出了雄心壮志，且它们的竞选项目中都包含了来自气候竞技场的具体观点。要想评估气候竞技场的确切影响是不可能的，但当这一影响通过显见的方式进入政府后，的确可能进一步细化为与气候治理有关的政策措施，并显著增加了能源和气候政策的预算。

6.3.3.2 后续活动的发展

大多数后续活动（见表 6.1）都在各气候工作组中得到了详细解释和实施。这些工作组最初组建于气候论坛上，由气候竞技场的参与者和后来陆续加入的行动者共同组成。在气候工作组成立之后不久，2 个倡议组织受到转型治理方法论的启发，自行在不同的环境下启动了转型治理竞技场进程。城市管理者在后续活动的发展过程中扮演了一个有所保留的支持者角色：共同思考，建立联系，提供后勤支持。许多倡议在它们可以被真正实施之前需要时间变得更加完善。这些倡议有一半在尝试中未能取得成功，有一半不具有可操作性，因此不能代表转型相关文献中概念化的"经典"转型试验（Van den Bosch，2010）。这些倡议的目的更多在于深化公众参与和对更为具体的议题进行细化。由此，气候竞技场的后续行动使更多行动者认清了自己在低碳未来中应当扮演的角色，要探索的新实践和范式，接触更广泛的受众以向他们传播转型思想。自从气候中立的主题传播开来，这些活动便以截然不同的方式来处理减排问题，它们对气候中立的直接贡献是难以估量的。

表 6.1　气候竞技场的后续活动概览

倡议名称	与气候竞技场过程的关联	外 展 活 动
胡萝卜族	"消费者推动市场"气候工作组	1 次"一日胡萝卜族"活动聚集了 938 名参与者，并使目标超市投资 10 000 欧元用于采取可持续发展举措
儿童城市农业项目	"城市农业"气候工作组中的竞技场参与者的活动	与社会青年组织合作，组织儿童们以小组的形式开展项目。活动内容包括种植和采摘蘑菇以及与儿童的家人们共进午餐
污水再利用项目	"污水再利用项目"气候工作组	在城市的"旧学区"（350 户居民）开发并实施一个用污水处理系统运输有机废弃物，并使用污水生产热能、沼气、营养盐以及再生水的商业项目
商业能效项目	"商业能效项目"气候工作组	由城市行政部门资助，旨在鼓励和引导中小企业从结构上提升能源利用效率。该项目始于一个由 10 家中小企业组成的小组
蓝色经济	"蓝色经济"气候工作组	该工作组的目标是找到一家能够强固生态系统、符合"蓝色经济"原则的模范企业，但该工作组在寻找工作重点和参与者方面未能取得成功
绿色轨迹	5 个艺术组织创立了与气候竞技场存在关联的"绿色轨迹"工作组	该项目旨在监督各参与组织的碳排量，已有 30 个文化组织加入该项目。目前布鲁塞尔、勒芬和安特卫普也加入了该项目
交通竞技场	交通和环境管理部门、气候竞技场的部分参与者也加入其中	为探索根特未来交通而启动的新竞技场过程，有 3 个典范型后续项目，其中最知名的是"Leefstraat"（2013 年，2 条街道被设为一月无车街道，2014 年有更多街道加入）；在"流动咖啡馆"召开例行的后续会议
根特大学转型	由气候竞技场的参与者们启动和实施的过程	由根特大学启动，旨在探索大学如何实现可持续发展的新竞技场过程；120 名学生、教授和行政人员参与其中；"根特大学的转型——成为可持续发展的高校"作为最终计划由校董事会正式提出；后续行动现已陆续开始

6.4 是否为转型代表赋权

霍尔舍等人（2014）提出了以下定义："赋权过程是根据各种可以强固个体的政治、经济、认知、社会和心理能力的原则以使他们能达到想要的结果而设计的，该过程可以使个体的以上能力得到发展。"这一定义将赋权过程与赋权结果联系起来，并强调在分析两者间的关联时需要做到过程和结果并重。在转型治理中，竞技场应当对参与者赋权，使其能够通过引入新行动者，发展和实施各种新活动、新试验，来追寻可持续发展的未来。因此，在根特市的案例中，赋权也与长期追求可持续转型，进而实现碳中和的宏大目标有关。赋权可被划分为 3 个维度：政治赋权、认知赋权和心理赋权。在对这些维度进行分析后，我们区分了短期赋权和长期赋权。此外，我们还将政务官员和气候竞技场的参与者区分开来，这是因为他们在这一过程中的角色不尽相同。值得一提的是，在使用"变革代表"这一称谓时，我们并不是说任何行动者在竞技场会议开始时都是变革代表，而是从赋权的角度探究这一过程是否使他们表现得更像一名变革代表。

6.4.1 政治赋权：网络纽带和协同效应

转型竞技场的具体目标之一是在一群身份各异的参与者之间建立起联系，并建立可以发起和加速转型进程的创新网络纽带和协同效应（Loorbach，2007，2010；Nevens and Roorda，2013）。这种为了形成互利和集中资源而进行的合作可被称为政治赋权（Hölscher，2014）。的确，根特市的政务官员和气候竞技场的参与者们需要考虑建立基于开放、和谐的气候竞技场氛围的新关系（见表 6.2）。虽然不久之后，竞技场小组成员间的联系便逐渐淡化甚至消失，但参与气候竞技场的政务官员之间的纽带似乎催生了比以往更强的协同效应。

从这一过程结束一年半之后的访谈调查和后续观察结果中，我们可以发现，除了在气候竞技场会议召开期间产生的密切联系之外，这一过程未能在竞技场参与者之间建立起长期、稳固的联系。然而，因竞技场产生的非正式网络

表 6.2　根特市行动者的短期和长期政治赋权

	竞技场参与者	政 务 官 员
短期政治赋权	在参与者和与会的政务官员之间建立了密切关系，有些人甚至成为朋友	参与其中的政务官员不仅可以利用这一过程与竞技场参与者和新加入的行动者建立新的网络纽带，而且能和其他部门的与会官员、转型治理专家和实践者建立同样的联系
长期政治赋权	由于没有召开后续会议的倡议被提出，曾在参与者、政务官员和新加入的行动者之间建立起的网络纽带变得非常松散。尽管如此，有几名参与者还是能够利用这些纽带，特别是与来自行政部门的政务官员发起联合行动。当机会出现时，少数行动者由于具有深入交流知识的能力而收获较大	大部分已建立的网络纽带得到了保留。它们为共同实现根特气候友好的宏大目标提供了动力和影响力

得到了持续的重视，特别是对那些与民众此前从未接触过的部门有关的联系人来说更是如此。参与者之间缺乏持久联系要归咎于城市行政部门。相应地，参与者和城市行政部门之间的点对点联系为后续倡议的成功落地做出了重要贡献。的确，保留下来的联系多与气候工作组有关，且通常与工作组成员的专业背景有着密切关联。

如同政务官员们迄今为止所考虑的那样，这一竞技场过程产生了持久的影响：参与其中的政务官员与城市中的行动者建立了许多新纽带。此外，基于碳中和的目标，来自不同部门的与会官员之间的新纽带也开始建立并得以维持。这一变化在由环境部门和交通部门联合举办的交通竞技场中表现得尤为明显。它标志着从"自身所处的领域或部门"的角度考虑问题到共担挑战、共享宏愿的思维方式的显著转变。

6.4.2　认知赋权：对复杂性和行为选择的理解

转型治理追求对管理者进行认知赋权，以使他们能更好地理解和掌控复杂性、不确定性等系统变革的特性，接受新观点，理解挑战，并在广阔的行动领域中定位自身的角色（Loorbach，2007，2010）。根据转型团队的设想，对这一步骤的辅助工作贯穿转型竞技场全过程，包括系统分析、展望、预测、在不同背景的先行者小组中举办的研讨会以及为转型竞技场成员补充额外知识（Hölscher et al.，2014）。

在根特，气候转型竞技场中的多元化信息输入，生动有趣地讨论话题，引入的各种新想法、新议题和新观点，使得参与其中的人经历了一场重要的认知升级（见表6.3）。

表6.3　根特市行动者的短期和长期认知赋权

	竞技场参与者	政 务 官 员
短期认知赋权	参与者们从不同角度对气候问题的复杂性和可持续挑战有了更深刻的认识。此外，他们获得了技术洞见。有2名参与者称他们掌握并在自己的专业领域内实施了转型治理。其局限在于参与者们在这一过程中对自身角色的界定模糊	与会的政务官员普遍获得了关于参与过程的洞见，特别是转型治理方法论。与此相关，他们还向竞技场参与者们学习，增进了自身对市民观点的理解，也为其与其他部门合作创造了新方式
长期认知赋权	使认知赋权树立长期影响是很困难的。参与者不断从日常生活中发现有用的想法，但它们的实用价值非常有限。通常而言，一些气候工作组只有在这一过程的某些时间节点才能在采取行动方面变得娴熟	在后续的竞技场全过程中，政务官员们应用并丰富了他们在转型治理方面的经验；这为他们的工作打开了思路，甚至将城市环境部门与其他行政部门整合为一个整体

系统分析和公开讨论的结果说服了所有的参与者，并使他们对碳中和有了更深入的理解。他们发现竞技场小组讨论的各种话题都在不断拓展：蓝色经济主题、水循环的重要性、城市绿化的潜力等。大多数参与者都对气候考量的社会维度之多感到惊讶，这是因为他们之前从未在这方面进行过多少思考。一名参与者对此做出了以下总结："……起初，对我来说，有些人的反应令人难以理解。但在这一过程中，你逐渐与他人接触，并学会从他们的角度去审视问题。"

在获得关于碳中和的丰富观点之余，气候竞技场的参与者们发现他们同时收获了自身专业之外的知识。此外，与政务官员们一样，一些参与者将转型治理方法作为有价值的知识进行运用，对他们的日常工作产生了积极影响。对与会的政务官员们来说，加入气候竞技场代表着一段卓有成效的协同创新学习经历，并促使他们对自身在城市转型中的定位进行重新思考——他们试图从整体层面为城市的行政管理层带去影响。

数名参与者描述了他们是如何运用自身所得拓宽视野的。其中一人说道："它帮助我让其他人也获得更加广阔的视野，并向人们展示特定路径的局限性。"但对于大多数人而言，这些知识对他们来说更多的是具有内在价值而非实用价值，这意味着在向未来共同前进的过程中，人们对自身角色和行为选择的定位并不处于优先地位。如果在行为选择方面被说服，那么对于那些能将自身行为选择与专业知识背景联系起来的参与者而言自然是锦上添花的；但其他人则会因缺少资源而受挫。即便如此，认知赋能依然是值得重视的。正如一名政务官员在其发言中说明的那样，气候竞技场可以被建构成一种参与方法。身处其中，参与者的知识水平将得到提升，而气候主题的复杂性也将得到承认。据她所言，其他参与路线之所以经常失败，是因为市民没有足够的知识储备或只维护自己的利益。气候竞技场的参与者为了开发出更好的未来图景，甚至反复表示，他们希望从专家那里得到更多关于碳中和主题的意见和建议。

6.4.3 心理赋权：内在激励

转型治理的宏大目标之一是从内部激励参与者积极地落实在竞技场展望过程中形成的构想（Avelino，2011；Loorbach，2007，2010；Rotmans and Loorbach，2011）。对行动者进行内在激励使之产生自我效能，在本质上取决于"个体对自身角色进行评估和预测的解释性过程"（Avelino，2009；Thomas and Velthouse，1990）。它是通过从 4 个方面进行积极的任务评估来实现的：

（1）意义：为任务赋予价值。

（2）能力：对完成任务的信心。

（3）影响：坚信可以实现任务预期的效果。

（4）选择：在开始和完成任务中的自治意识和自主决策。

令人惊讶的是，虽然起初参与者们非常积极地想要将这一过程继续下去，但在气候竞技场会议结束的一年半后，这种积极性出现了显著下降（见表6.4）。参与者们在没有外部支持或专业联系的情况下，通常不会寻求采取进一步行动。相比之下，与会的政务官员们则保持着较高的积极性。此外，政务官员们也以其他转型治理形式致力于持续参与。这一情况使得由城市行政部门领导或推动的后续活动得以维持。

表 6.4　根特市行动者的短期和长期心理赋权

	竞技场参与者	政务官员
短期心理赋权	大多数参与者被动员起来，共同实施展望会议中提出的构想；成为观点相近的团体中的一员，使他们感到自己有能力实现碳中和的目标	与会官员从一开始就有力地支持根特市的碳中和目标。他们对气候竞技场的后续活动的承诺，起初是有限的，他们扮演次要角色
长期心理赋权	因缺乏来自城市行政部门的支持和自身能力有限，许多参与者开始怀疑他们的能力和影响力是否可为建成碳中和的根特做出显著的贡献。他们中的大多数人认为城市行政部门应当为推进转型负责。大多数与气候主题有专业关联的参与者则保持着赋权状态	与会的政务官员和其他的政务官员都在持续开展政治游说活动，但他们也看到了这一过程的局限性

6.5　结论

6.5.1　通过转型治理赋权

对根特市转型治理过程的分析为"转型治理从3个维度为参与者赋权做出了积极贡献"的结论提供了论据。因此，它对实现碳中和的宏大目标和应对相应的挑战同样具有潜在贡献。气候竞技场已经带动了公众参与，政务官员们也加入其中。它鼓励系统思考，通过将抽象的、科技类主题置于现实环境中使身份背景不尽相同的人们得以掌握其精要。共同经历这一过程，将不同背景的行动者更加紧密地联系起来，在他们中创造了一种志同道合的氛围。民众对于潜在问题及潜在解决方案形成了更为广泛的认知，激发他们应对此类问题的主人翁意识，同时一个覆盖普通参与者和政务官员的松散社会网络也得以形成。该网络在有必要的情况下可以随时恢复更紧密的状态。

对于大多数竞技场的参与者而言，赋权影响持续的时间并不长，心理赋权更是如此。这是多种原因造成的。其中的主要原因可能是气候竞技场自上而下的仓促实施过程，使得参与者们未能充分地培养自身的主人翁意识，对自己在追求碳中和的城市目标中应当扮演的角色和承担的责任的认识也非常有限。这一案例也间接表明，一方面，以转型竞技场为中心，不直接寻求向参与者们提供资源的"狭隘"转型竞技场的局限性。一个更为开放的转型路径可以同时处理好"在过程开始之初于行政系统内部创造空间"的需求和"在竞技场之外持续努力以创立持久的赋权动力"的需求之间的关系。另一方面，对于来自城市行政系统并参与转型竞技场的政务官员而言，赋权的影响则更加持久。他们深化了自身对碳中和问题的认识，将这种认识从"独立支配"延伸到"共同支配"，掌握"转型治理"的相关知识并将其扩散到其他部门和倡议中去。政务官员们在他们所处的行政领域内表现为变革代表。为了使其他官员和民众在气候问题和其他问题上形成更为深入的认知，曾参与气候竞技场的政务官员为转型治理开展政治游说活动。

总的来说，气候竞技场种下了无形的"变革之种"：身份背景更加多元，与转型存在关联的参与者的想法也被其他政党所采纳。根特的经验表明，这一竞技场过程可以为建立可持续发展的城市的联合行动提供额外的推动力。转型治理可以促进管理机构真正为行动者赋权，以有效地使他们成为变革代表。这是转型成功的基础之一。

6.5.2　转型治理的经验

转型治理是一个由支持性工具构成的框架，而不是"即插即用"的政策工具。因此，本案例对转型治理的应用是独一无二的，并受到环境和参与其中的人们的强烈影响。即便如此，我们也可以从根特的案例中总结出一些应用转型治理过程方法论的通用经验，特别是关于过程实施、赋权结果和后续行动之间的互动。

充足的知识输入和精心准备转型竞技场会议的内容对认知赋权和心理赋权而言似乎非常重要。根特的案例表明，系统分析和展望构想可作为转型过程中分享见解、拓宽视野、对话交流和协同创新的工具，提升了初期的赋权效果。这一过程的实施速度被证实是一个不易把握的问题，特别是在心理和政治授权方面更是如此。这一过程不仅需要时间，更需要耐心：观点需要时间来沉淀，新关系需要时间来培养，环境需要时间去改变，机会在任何时候都不是唾手可得的。一个仓促的实施过程可能会限制参与者在全过程中主人翁意识的发挥，特别是在他们没有参与"应该做什么"的决策时更是如此。同时，仓促的实施过程也会影响研讨的深度和结果。相比之下，这一过程需要保持一定的进度以维持参与者们的热情，不断创造动力并抓住机遇。当新的行动者在后续阶段加入其中时，他们会带入自己的议程和宏愿，而此前形成的观点或结论也会得到相应的发展。

根特市的案例也说明了保持"引导／协调"和"跟随／放任"间的平衡的不易。转型团队引导了过程的建构，并对其中的内容进行了详述。虽然参与者们对此高度赞赏，但这也意味着在转型团队包揽大多数工作的情况下，其他参与者的发挥空间极为有限。这一局限削弱了参与者们的主人翁意识，以及他们对自身在这一过程中的角色和责任的明晰度，弱化了长期赋权的效果。与此同时，一定程度的引导似乎是必要的。过早放弃对过程的引导，会增加转型过程的风险。在最低限度上推动后续行动似乎是必要的，至少要为协同和反思提供平台。由于这种做法可以提供额外的动力，因而它与赋权的层次存在关联。另一个与之有关的经验是：将政务官员们纳入转型团队需要在转型竞技场开始前就为此创造空间，以使他们熟悉协同创新的观念和模式。

6.5.3 讨论和展望

在本章中，我们主要关注转型治理方法是如何在气候竞技场持续期间和结束之后为参与其中的行动者赋权的。本章采用的研究方法也存在一定的局限性。我们所定义的"长期"仅有一年半，与某个可能需要一到两代人去实现的长期转型目标相比，显然是过于短暂了。此外，对赋权影响的分析主要基于参与其中的行动者们的自我评估。其局限在于，对于行动者的分析仅包括参与气候竞技场过程的行动者，不包括那些后来加入的行动者或受到这一过程影响的人们。而未涵盖的这些行动者更容易将他们的个人抱负和专业知识与碳中和的目标联系起来。尽管存在以上限制，精确的数据收集可以使研究者总结出一些向行动者赋权方面的经验。

　　我们的分析揭示了转型治理实践中的若干问题。一个关键问题是：如何在政府因循守旧的日常工作状态下通过深化其组织转型来为非"惯常工作"创造空间。转型治理已被证明是可以用于创造这一空间的工具。另一个从分析中显现且与之有关的问题则是：关于转型治理所固有的、必要的平衡活动。本研究的另一个关注点是对气候竞技场后续活动的概念化。我们的分析表明，战略决策特别是其中关于采取行动的部分，对提升气候竞技场的有效性来说至关重要。其中涉及对参与竞技场的行动者进行长期赋权、赋权行动如何持续下去、处理城市行政部门与竞技场参与者之间的关系等。目前是由转型团队、转型竞技场来设置赋权过程，以使加速转型的社会学习成为可能。本章的分析表明，要想创造新范式和新实践，就需要以更为灵活的形式开展转型活动。同样地，这也涉及资源和权力的配置。

参考文献

Ansell C, Gash A (2008) Collaborative governance in theory and practice. JPART 18:543–571. doi:10.1093/jopart/mum032

Avelino F (2009) Empowerment and the challenge of applying transition management to ongoing projects. Policy Sci 42(4):369–390. doi:10.1007/s11077-009-9102-6

Avelino F (2011) Power in transition. Empowering discourses on sustainability transitions. Dissertation, Erasmus University Rotterdam

Avelino F, Rotmans J (2009) A dynamic conceptualisation of power for sustainability research. J Clean Prod 19(8):796–804. doi:10.1177/1368431009349830

Balthazar T (2008) Lokaal Klimaatplan Gent 2008–2020. 105 acties voor een klimaatneutrale stad.

http://www.gent.be/docs/Departement%20Milieu,%20Groen%20en%20Gezondheid/Milieu
dienst/20080605%20Lokaal%20klimaatplan%20Gent%202008-2020%20105%20actiepunt
en.pdf. Accessed 18 Sept 2014

Bryman A (2004) Social research methods. Oxford University Press, Oxford

Davies AL, White RM (2012) Collaboration in natural resource governance: reconciling stake-
holder expectations in deer management in Scotland. J Environ Manag 112:160–169. doi:10.
1016/j.jenvman.2012.07.032

Driessen PPJ, Dieperink C, van Laerhoven F, Runhaar HAC, Vermeulen WJV (2012) Towards a
conceptual framework for the study of shifts in modes of environmental governance. Experi-
ences from the Netherlands. Environ Policy Gov 22(3):143–160. doi:10.1002/eet.1580

EC European Commission (2012) What is the EU doing about climate change? http://ec.europa.
eu/clima/policies/brief/eu/index_en.htm. Accessed 6 Sept 2014

Frantzeskaki N, Loorbach D, Meadowcroft J (2012) Governing societal transitions to sustainabil-
ity. Int J Sustain Dev 15(1/2):19–36

Fung A, Wright EO (2001) Deepening democracy: innovations in empowered local governance.
Politics Soc 29(1):5–41

Gerring J (2004) What is a case study and what is it good for? Am Polit Sci Rev 98(2):341–354

Grosskurth J, Rotmans J (2005) The SCENE model: getting a grip on sustainable development in
policy making. Environ Dev Sustain 7(1):133–149

Healey P (2006) Collaborative planning. Shaping places in fragmented societies. Macmillan,
London

Hölscher K (2013) Seeds of change? Evaluating the transition arena for urban climate governance
in Ghent and Ludwigsburg. Master's thesis, Utrecht University

Hölscher K, Wittmayer J, Avelino F, Giezen M (2014) Exploring (dis-) empowerment in transition
management. The case of urban transition management in the MUSIC-project. Paper presented
at NWO-JSPS seminar studying sustainability transitions in welfare states, Rotterdam, 10–13
Sept 2014

Koontz TM, Thomas CW (2006) What do we know and need to know about the environmental
outcomes of collaborative management? Public Admin Rev 66:111–121. doi:10.1111/j.1540-
6210.2006.00671.x

Lemos MC, Agrawal A (2006) Environmental governance. Annu Rev Environ Resour
31:31297–31325. doi:10.1146/annurev.energy.31.042605.135621

Loorbach D (2007) Transition management. New mode of governance for sustainable develop-
ment. Dissertation, Erasmus University Rotterdam

Loorbach D (2010) Transition management for sustainable development: a prescriptive,
complexity-based governance framework. Governance 23(1):161–183

Maas S (2011) Making sense of complex systems. A systems analysis methodology for Urban
transition management: the case of Ghent and its climate ambitions. Master's thesis,
Wageningen University

Maas S, Fortuin K, Frantzeskaki N et al (2012) A systems analysis methodology for exploring
urban sustainability transitions. Exploring challenges and opportunities for urban sustainability
transitions in Ghent and Aberdeen. Paper presented at 3rd international conference of sustain-
ability transitions, Copenhagen, 26–28 Aug 2012

Nevens F, Roorda C (2013) A climate of change: a transition approach for carbon neutrality in the
city of Ghent (Belgium). Sustain Cities Soc 10:112–121. doi:10.1016/j.scs.2013.06.001, 2014

Nevens F, Frantzeskaki N, Loorbach D, Gorissen L (2013) Urban transition labs: co-creating
transformative action for sustainable cities. J Clean Prod 50:111–122. doi:10.1016/j.jclepro.
2012.12.001

Newig J, Fritsch O (2009) Environmental governance: participatory, multi-level – and effective?

Environ Policy Gov 19:197–214. doi:10.1002/eet.509

Roorda C, Wittmayer J (2014) Transition management in five European cities – an evaluation. DRIFT, Erasmus University Rotterdam, Rotterdam

Roorda C, Hölscher K, Nevens F (2014a) The climate arena in Ghent. Working paper, DRIFT

Roorda C, Wittmayer J, Henneman J et al (2014b) Transition management in the urban context: guidance manual. DRIFT, Erasmus University Rotterdam

Rotmans J, Loorbach D (2011) Towards a better understanding of transitions and their governance: a systemic and reflexive approach. In: Grin J, Rotmans J, Schot J (eds) Transitions to sustainable development. New directions in the study of longer-term transformative change. Routledge, New York/London, pp 105–220

Swyngedouw E (2005) Governance innovation and the citizen: the Janus face of governance-beyond-the-state. Urban Stud 42(11):1991–2006. doi:10.1080/00420980500279869

Thomas KW, Velthouse BA (1990) Cognitive elements of empowerment: an 'interpretative' model of intrinsic task motivation. Acad Manag Rev 15(4):666–681

Van den Bosch S (2010) Transition experiments: exploring societal changes towards sustainability. Dissertation, Erasmus University Rotterdam

Wittmayer J, Frantzeskaki N, Steenbergen F van et al (2011) Towards an urban change agents' analysis method: experiences from five European cities. Paper presented at Resilient Cities 2011, 2nd world congress on cities and adaptation to climate change, Bonn, 3–5 Jun 2011

| 第7章 |

北九州生态城镇建设：从工业城市到绿色城市的转型

城山英明①　加治木申弥②

【摘　要】　在第二次世界大战后的数十年中，日本南部的北九州市因其钢铁生产和工业污染而广为人知。在20世纪90年代初，该市开始改变其产业结构，并通过环境保护、推动环境相关产业发展和提升当地居民福利来寻求城市的可持续发展。北九州生态城镇项目由此启动。它可被视为北九州市从工业城市向绿色城市转变的催化剂。公私部门的合作网络和由该项目发展而来的个人专长对"环境模范城市"和"智能社区项目"等后续项目的实施产生了深远影响。在本案例研究中，笔者运用文献分析和访谈调查分析了北九州市绿色转型过程。

【关键词】　北九州　新日本制铁公司　生态城镇项目　通产省　环境部　环境产业　回收

---

①　城山英明，日本东京大学教授，主要研究国际行政学、科技与公共政策和公共政策过程。
②　加治木申弥（Shinya Kajiki），任职于东京大学。

主要行动者和组织（见表 7.1）

表 7.1 北九州市绿色转型过程概述

日　期	事　件
1989 年 10 月	响滩开发基本规划委员会成立
1994 年 11 月	两家公司（八幡制铁所和三井集团）的主管们发起成立研究小组
1995 年 3 月	八幡制铁所和三井集团成立包括政府官员在内的顾问委员会（第一阶段）
1995 年 6 月	通产省起草了《促进包装容器的分类收集和循环利用法》
1996 年 2 月	八幡制铁所和三井集团成立包括政府高级官员在内的顾问委员会（第二阶段）
1997 年 4 月	通产省、厚生劳动省联合启动生态城镇项目
1997 年 7 月	北九州生态城镇项目（第一阶段）启动
1997 年 8 月	北九州市环境产业促进委员会成立
1998 年 7 月	PET 瓶回收业务在北九州启动
2002 年 8 月	北九州生态城镇项目（第二阶段）启动
2005 年 7 月	北九州复合生态促进会成立
2007 年 9 月	北九州生态城镇项目开始向海外推广

北九州市：位于日本南部的岛屿城市，拥有 100 万人口。

末吉光一：1987—2007 年任北九州市市长（前建设部官员）。

响滩开发基本规划委员会（公共部门）：由末吉光一市长发起成立，负责规划利用城市中的响滩新填土地。

新日本制铁所（现在的日本制铁和住友金属公司）：钢铁生产商，于 1970 年由富士制铁和八幡制铁所合并而成，总部位于东京。

八幡制铁所（战后由官营八幡制铁所拆分而来）：位于日本北九州市八幡区的钢铁生产企业。

川崎润一：日本八幡制铁所总务部主管。

龟井阳一郎：九州兴业有限公司总裁（附属于三井集团）。

研究小组和顾问委员会（私有部门）：由日本八幡制铁所和三井集团发起成立，由来自这些公司的员工和政府官员组成。

生态城镇项目：由日本通产省、厚生劳动省（之后由环境省接替）主持，旨在通过推广绿色经济实现地方振兴的国家项目。

7.1 背景与分析框架

7.1.1 北九州历史在严重污染中前行

北九州坐落在日本九州岛的入口，是一座有着 100 万人口的城市。这座城市的发展始于 19 世纪晚期。1901 年，日本的第一座现代化钢铁厂——官营八幡制铁所（现在的日本制铁和住友金属公司）成立。这座钢铁厂日后成为日本最大的钢铁供应商，其选址靠近日本最大的煤矿，铁路与港口设施也随之建立。利用这些资源，这座城市陆续发展了化工、冶金、陶瓷等在日本现代化进程中发挥了重要作用的产业。工厂的烟囱里冒出的滚滚浓烟是当地繁荣的象征。

随着工业发展产生的空气污染和水体污染日益严重，到 20 世纪 50 年代末，北九州市的环境状况日益恶化。高浓度的煤烟和灰尘导致空气中的氮氧化合物、可吸入颗粒物和硫氧化合物的浓度不断上升，超出了世界卫生组织（WHO）的标准。位于工业区中心的洞海湾，其水污染变得非常严重，以致常常会腐蚀船只上的螺丝，甚至杀死大肠杆菌。关于恶臭气味的市民投诉不断增多。

北九州市的部分妇女为了减少这种工业污染自发组织起来并建立了协会。该协会根据自行开展的调查结果，向政府递交了请愿书，强烈要求排污企业采取措施以改善环境质量。该协会还为此制作了一部名为《呼唤蓝天》（又译《我们想要蓝色天空》）的电影，向日本其他地区的民众揭示问题的严重性。

在这一背景下，北九州市于 1963 年成立了一个新的部门来控制环境污染，并于 1971 年将其级别提升为污染控制局。在 20 世纪六七十年代，北九州污染控制局委托各个领域的专家研究工厂排烟设施和滤清器的结构、运行和维护，讨论了各种可行的对策。从 1969 年到 1972 年，北九州市均签署了《污染控制协议》。这是一项非正式的自愿协议，概述了具体的污染控制措施，并落实到每个工厂。此外，各公司还使用更新颖、更高效的装备对其排污设施进行翻新，从而减少污染排放。

在北九州市政府的努力和民间的压力下，这些措施的实行促使各公司在开发新技术、提高生产能效方面取得了长足进步。20 世纪 70 年代末，许多污染问题得以解决。

根据岸本（2011）的研究，这些治理污染的措施被称为"北九州模式"，具有三个特点：① 市民、地方政府和企业之间存在密切的伙伴关系。② 地方政府积极发挥首创作用。③ 私营部门持续进行技术研发和应用。

在部分污染问题得到解决后，北九州市便开始在环境领域和工程领域寻求国际合作。1980 年，北九州国际培训协会（Kitakyushu International Training Association，KITA①）在北九州市、福冈县、国际青年商会②北九州分会、北九州商会和其他组织的通力合作下成立。同年，KITA 启动了一项日本国际合作机构（Japan International Cooperation Agency，JICA）训练课程以推动国际合作。此外，北九州市在 20 世纪 80 年代开始与中国和其他亚洲国家的城市在环境领域开展合作。例如，北九州市的代表曾于 1981 年在中国大连市举办了关于污染管理的讲座，并于 1993 年使用政府开发援助的资源为大连的城市环保计划提供援助。一项由北九州市和 JICA 联合举办的调查建议将通用性环境治理措施并入城市的发展计划。

---

① 1992 年，KITA 更名为北九州国际技术合作协会（Kitakyushu International Techno-cooperative Association，缩写仍为 KITA）。

② 国际青年商会（JCI）是一个由参与所在的社区事务并承诺在社区事务中创造影响力的活跃青年市民组成的非营利组织。

20 世纪 70 年代末的石油危机、日元升值和 20 世纪 80 年代经济结构的调整对北九州市的经济产生了巨大的影响，对钢铁工业的影响尤甚。1987 年 2 月当选的北九州市市长末吉光一根据他重振当地经济的承诺，制订了北九州复兴计划。这一计划的核心是"使北九州成为一座有滨水区域、绿色宜居、人际关系和谐的科技之城"。这一计划也包括将在城市西北部的响滩地区推动环境产业发展。他在 20 年任期内（直到 2007 年），推进了各种项目，"北九州生态城镇"便是其中的代表性案例之一。

进入 21 世纪，"创造更可持续的社会"运动席卷了全日本。北九州市于 2008 年 7 月被内阁办公室评选为"生态模范城市"；于 2010 年 4 月被通产省评选为"下一代能源基础设施和社会系统示范区"；因其在环境管理方面的长期经验，于 2011 年 12 月被内阁办公室评选为"未来城市"之一。

此外，北九州市还与其他亚洲城市建立了合作框架，如"亚洲环境合作城市网络"和"东亚经济发展促进组织"中的环境委员会。2010 年，北九州亚洲低碳社会中心成立，各企业和学术机构也在其指导下，为这座城市开展诸多研究项目。

2011 年 6 月，北九州被经济合作与发展组织（OECD）评选为亚洲首座"绿色增长示范城市"。经合组织的《日本北九州市的绿色增长》报告指出，城市的众多利益攸关方共同推动了它从"灰色城市"转变为"绿色城市"。该报告也宣称，北九州的这些经验也被诸多后续项目所借鉴（OECD，2013）。北九州生态城镇项目是一个具有代表性的案例。

7.1.2　以转型治理作为分析框架

在本章，笔者分析了北九州生态城镇项目的发展过程，并关注了在该项目中扮演着重要角色的 PET 塑料瓶回收产业。这一产业的发展也是北九州从工业城市向绿色城市转型的催化剂。

与 20 世纪 60 年代和 70 年代的污染防治措施相比，北九州生态城镇项目有着许多不同的目标。此外，在该项目推进中形成的公私部门合作网络和个人专长对后续项目的设计均产生了长期影响。例如，旨在发展并向国际推广日本设计的智能网格系统的北九州智能社区项目联合会，便是由北九州市、新日本制铁公司、三井集团、IBM 日本分公司、丰田汽车公司和九州电力公司等公私部门联合成立的。此外，一些关键人物，如北九州智能社区部门的负责人柴田太平，也在生态城镇项目中接受过管理方面的培训。

为了分析北九州市生态城镇项目的长期发展，笔者使用了转型治理路径作为一个历史性转型的分析框架。转型治理是一种实现可持续转型的治理路径。它将转型视为发生在复杂、具有适应性的系统中的长期、根本性、多层次、多阶段的变革过程。在我们的理解中，北九州生态城镇项目旨在通过振兴和促进绿色产业发展来推动当地向更加可持续的城市转型。这样一来，从转型治理的角度分析北九州市的案例是有意义的。转型治理框架可以在转型竞技场和转型试验等不同的治理工具中被运用。它也可以在更为具体的过程方法论中被运用，引导行动者们进行方向设定、议程设置、动员和反思等转型治理活动（Wittmayer and Loorbach，2016）。在本章中，我们从转型治理的视角分析北九州城市环境中的转型动力。

本章主要聚焦于北九州市从工业城市向绿色城市转型的起步阶段。换言之，除"转型竞技场"外，本章主要关注"转型团队"所扮演的角色。转型团队是调整和驱动转型过程的核心团队（Roorda et al.，2014）；而转型竞技场则是为变革代表提供非正式但构建良好的空间，以使他们能批判性地反思现状，提出替代性解决方案，并建立替代性关系的场域（Roorda et al.，2014）（见图 7.1）。

通过运用这些框架，笔者聚焦于以下五项活动：

（1）定位：由转型团队和转型竞技场启动的过程，正式过程由政府部门启动，非正式过程则由私营企业的负责人启动。

（2）议程设置：开发一项议程。

（3）活动一：PET 塑料瓶回收，主要是在北九州生态城镇项目的第一、第二阶段。

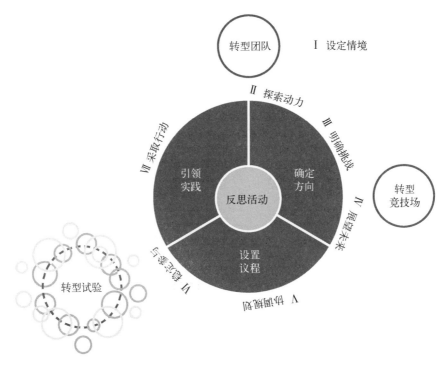

图 7.1　转型治理过程结构

（4）活动二：向当地家庭和海外推广 PET 塑料瓶回收。

（5）反思：从该项目中总结经验。

7.2　探索利用响滩

7.2.1　公共部门的正式过程

　　20 世纪 80 年代，北九州市使用沙土和炉渣在北九州西北部的响滩地区以填海造地的方式开发了一大片狭长的岛屿，占地约 2 000 公顷。但最初的工业开发计划由于制造业发生结构性变化而受到阻碍，北九州市不得不重新考虑该计划。1989 年 10 月，北九州市成立了"响滩开发基本规划委员会"。该委员会由来自日本制铁所、三菱化工、三井集团的代表组成，旨在开发利用响滩地区的可能方案。1992 年 3 月，该委员会一致通过了响滩基本发展政策规划。

该规划基于北九州在污染管理方面的长期经验，利用技术和人力资源推动废弃物管理和回收产业发展。为了配合这一基本政策，北九州市的相关部门开始举办了一系列研讨会。1996 年 3 月，该委员会制定了响滩基本开发规划，该规划包括四方面内容：① 吸引和扶持环境产业。② 在环境相关领域建立研发机构。③ 为开发活动改善基础设施并供应能源。④ 吸引和扶持与环保设备、工程有关的产业。

同期，北九州市政府进行组织机构改革。污染控制部与负责废弃物管理的环境行动部合并，于 1990 年成立了一个负责环境政策、废弃物管理政策、工业政策的新环境部（City of Kitakyushu，1998）。该部门被委派负责响滩地区的开发和生态城镇项目。

7.2.2 私人企业负责人启动的非正式过程

在同一时期，日本钢铁业出现了下滑趋势。在响滩拥有 300 公顷待利用土地的新日本制铁所开始研究如何利用这片土地创造新的业务增长点。1994 年 6 月，新日本制铁所八幡分部的川崎润一升迁至总务部并开始开发新业务。当时的主流产业是信息产业和环境产业，而川崎选择了后者，并于 1994 年 11 月与龟井阳一郎成立了研究小组。龟井是附属于三井集团的九州兴业有限公司的总裁，熟悉回收产业。川崎和龟井的孩子在同一所学校就读，因而他们对彼此都很了解。在研究小组中，尽管成员们意识到发展回收产业异常困难，但他们仍然持续研究废弃物回收产业的可能形态，这是因为北九州市一直希望利用响滩开发基本规划委员会推动环境产业的发展[①]。

川崎和龟井认为理解北九州市的废弃物管理政策非常重要，所以他们于 1995 年 3 月发起成立了顾问委员会。由于顾问委员会的大多数成员都来自北九州市政府相关部门，如规划局、环境局、经济事务局、港务局、城市规划部等，这就非常容易通过这些顾问委员了解到政府官员们的想法。基于其成员的

① 对八幡制铁所前总务部总裁川崎润一的访谈，北九州市，2013 年 6 月 26 日。

丰富经验，顾问委员会得出了"需要创造一种与传统废弃物处理工业截然不同的新型环境产业"的结论。

在第一阶段，参与其中的城市官员在其所在部门中多担任副职。但因为政府的支持对回收产业的成功运营至关重要，所以川崎和龟井从 1996 年 2 月开始，也就是顾问委员会的第二阶段开始邀请在政府相关部门担任正职的官员参与其中。顾问委员会提出了复合环境产业的概念。该概念的提出成了生态城镇项目的起始点。

在 1996 年 2 月召开的市议会上，有人向末吉光一市长提问："您是要把这座城市变成垃圾填埋场吗？"他的回答则是："这些是为新产业提供的资源，不是垃圾。"[①] 由此看来，环境产业政策显然已成为城市政策的重要组成部分。

7.2.3 与国家法律保持一致并与公司总部的领导们协商

在这些顾问委员会会议之后，川崎和龟井开始根据《促进包装容器的分类收集和循环利用法》的要求检验关于 PET 塑料瓶回收业务的观点。该法令由通产省于 1995 年 6 月签发。巧合的是，北九州市也正是在这一时期将发展 PET 塑料瓶回收业务提上日程。该法令成为北九州市选择发展何种产业的决定性因素，因为该法令明确了在垃圾分类中，消费者负责分类、政府负责清运和存储、企业负责回收的安排[②]。

但与新日本制铁所东京总部握有决策权的领导们进行协商并非易事。公司总部相关负责人要考虑是否承担 16 亿日元的工厂建设成本。此外，他们还指出开发 PET 塑料瓶回收业务与公司现有的金属罐回收业务存在内部竞争的矛盾。在与总部进行了多轮协商后，考虑到公司与市政府一直以来的合作历史，该项目最终以"土地售卖项目"的名义立项。

以什么名义立项，对于获得公司总部领导的许可至关重要。彼时公司正

在重组，当时正在削减开支的新日本制铁所八幡分部难以承担使用响滩新填土地所需支付的高昂土地税，而新日本制铁所则为承担这笔税款制定了多种替代性方案。替代方案之一便是说服总部的领导们出售这片土地以启动 PET 塑料瓶回收业务。按照这一计划，PET 塑料瓶回收公司将以 300 000 000 日元向新日本制铁所总部购买这片土地，以减轻其财政负担。这也将该商业决策的全部责任从新日本制铁所总部全部转移给八幡分部。如此一来，总部便会同意该计划。因此，这片未开发土地的处置权从公司总部转移到了八幡分部。

经过以上过程，西日本 PET 塑料瓶回收有限公司（NPR）在 5 家私有企业（新日本制铁所、三菱公司、新日铁物流、新日本快递、山久株式会社）与北九州市政府的投资下，于 1997 年 4 月成立。这一新风险投资项目于当年 7月成为首个由中央政府设计的生态城镇项目。

7.3　生态城项目：与国家政策发展的互动

7.3.1　国家政策发展

由于北九州市与中央政府在人事方面流动较为频繁，所以该市可以便利地从中央政府获取相关信息或交换意见。当通产省环境政策部主管松永一夫于1996 年 5 月访问北九州市以寻求新的政策建议时，得到的回应是，要想创立新产业，就要将回收产业与传统的垃圾收集产业区分开来①。通过将废弃物和排放物作为资源加以利用的做法在当时引起了关注，通产省和北九州市起初制订了一个关于商业创新项目的计划，该计划由中央政府提供 5% 的资金支持，当地提供 2.5% 的资金支持。但通产省与财务省的协商最终造就了生态城镇项目，一个旨在通过推动绿色产业发展提振地方经济，并建立一个由工业部门、公共部门和消费者共同维护的环境和谐的全国性项目。在这一新框架下，倘若这一由地方政府提出的计划得到通产省和厚生劳动省（后由环境省接替）的认

---

① 对中园聪的访谈，北九州市，2013 年 6 月 26 日。

可，则由中央政府承担的项目费用上限将提升到50%。这对北九州市政府来说是一个极具吸引力的补贴计划。

7.3.2　北九州市政府的战略布局

在综合各方信息后，北九州市政府基于各种现有计划为北九州生态城镇项目制订了一个新计划。而西日本PET塑料瓶回收有限公司则被确定为新生态城镇资助计划中的首家工厂。该计划提供两种补贴以推动环境产业发展：为项目准备提供的"软补贴"和为基础设施改善提供的"硬补贴"。由于北九州市是唯一一座在第一年就提出具体规划的城市，所有的"硬补贴"都被拨付给该市用于建设PET塑料瓶回收厂。这笔预算在第二年得到了显著增加。在该计划的资助下，回收办公设备、机动车、家用电器、荧光灯管的工厂在响滩地区陆续建立。

这种在中央政府之前预先规划好生态城镇项目，并成为首个获得新补贴计划资助的地方政府，是基于末吉市长此前在建设部长达30年的丰富工作经验。末吉市长熟知中央政府办公室和部门的预算决策过程，并就北九州市得以申请生态城镇项目的原因写下了如下说明（Abe and Inaba，2013）。

　　每年6月份，当国会例行会议和人事调整结束后，政府办公室和各部门就开始准备下一财年的经费预算。事实上，这也是地方政府搜集并确认各种消息的时期。例如，上一财年未获批准的政策可能在下一财年得到批准。收集这些信息并制订下一财年的产业计划是非常重要的。存在能利用剩余预算的地方政府，对中央政府来说也是件好事。在中央政府分配完当年度的预算后，由于每个地方的情况不一样，有些项目进展不顺以至于没用完预算，可能需要把剩下的资源再分配给其他地方。北九州的生态城镇项目也利用了这种额外分配。我总是准备大约50个计划，这些计划从公共工程到社会福利再到教育项目，几乎无所不包。当可能有额外预算可以拨给像生态城镇这样的项目时，我就去向相应的部门和政府办公室提出申请。

通产省、建设部和文部科学省等部门和政府办公室，均对回收产业拥有管辖权。所以，末吉市长在每个备选项目中都制定了一个从不同部门和政府办公室争取预算的战略。为此，他组建了一个由来自不同领域的部门股长级别的官员们组成的团队，由他们负责和上级部门协商（Abe and Inaba，2013）。现在，这些官员中的大多数人已升任相应部门的正职，领导了诸如"智能社区项目"等多个项目，并成为中央政府和地方政府沟通的桥梁。

此外，北九州市于 1989 年启动了"招待讲座"项目，要求部门正职级别的官员向一个由 20 多位市民组成的市民团体宣讲其职权范围内的各种城市规划或项目。这一项目是听取公众意见的好机会，但也非常考验官员们的临场应对能力。这也是一个锻炼官员与各利益攸关方交流能力的机会。换言之，该项目同时为转型治理者提供了训练机会。针对 PET 塑料瓶回收产业，曾举办过这样的"招待讲座"。居民们表达了他们对垃圾收集方式、非法填埋的风险上升和响滩成为垃圾填埋场的忧虑[①]。为了获得居民们的同意，政府官员们在新日本制铁所八幡分部的支持下，提出了"环保部门不会参与环境污染行动"和"某个受到当地居民信任的企业会承担责任"的解释。

另外，西日本 PET 塑料瓶回收有限公司的雇员和环境部官员还号召九州其他地方政府帮忙收集 PET 塑料瓶，因为该产业只有在每年回收 8 000 吨以上塑料瓶时才能实现盈利。

7.4　北九州生态城项目的发展

7.4.1　第一阶段（1997—2002 年）：回收业务的启动与发展

北九州生态城镇项目始于 1997 年 7 月。新成立的北九州市环境产业促进

---

① 对中园聪的访谈，北九州市，2013 年 6 月 26 日。

委员会，由新日本制铁所八幡分部、三井集团、东芝、日立等企业的代表，以及学术界代表、九州经济产业局局长和福冈县副知事组成，制订了三项行动计划作为环境产业发展的三重策略，分别是教育和基础研究、科技研究及其产业化。

在教育和基础研究方面，北九州市立大学、九州工业大学、福冈大学、早稻田大学等科研机构纷纷落户于 2001 年 4 月建立的北九州科技与研究园区，以参与相关领域的研究活动。在科技研究领域，多项与环境和回收产业相关的科研项目在企业、高校与政府的合作框架下启动。在产业化领域，各公司开始将回收行动商业化，这也是综合性环境产业的起始点。商业化回收被一系列旨在推动创建"零废弃"工业中心的后续商业活动所延续。1998 年 7 月，西日本 PET 塑料瓶回收有限公司的工厂投入运营。此后，6 家回收办公自动化设备、机动车、家用电器、荧光灯管、医疗设备的工厂在同一区域建立。1998年 6 月生效的《家用电器回收法》促使西日本 Kaden 回收公司成立。

同时，得益于吉川工业有限公司开发的各种方法，回收废弃机动车辆成为可能。由新日本制铁所和三井集团投资的西日本机动车回收公司于 2000 年 2月开始运营。此外，为了向中小企业和新办企业提供回收业务方面的支持，北九州市在毗邻综合性环境产业区的响滩回收公园建立了"先行区"和"机动车回收区"，向相关企业提供固定租期的土地租赁权。通过这种方式，北九州生态城镇项目中的回收产业的业务范围从 PET 塑料瓶拓展到其他领域。这便是生态城镇项目的第一阶段。

7.4.2　第二阶段（2002—2010 年）：回收业务的拓展

北九州市生态城镇项目第一阶段中的大部分工作较预计时间提前完成。第二阶段的工作于 2002 年 8 月启动。在那时，日本《推进形成循环型社会基本法》（2001 年 1 月开始生效）已生效，并对社会环境产生了深刻影响。

北九州生态城镇项目计划在第二阶段将商业区拓展到整个东响滩地区。如图 7.2 所示，北九州生态城镇中的企业数量自第二阶段开始以来一直在稳定增

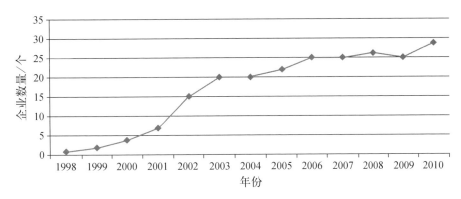

图 7.2   1998—2010 年北九州生态城镇中的企业数量变化

长。北九州生态城镇由北九州科学与研究园区、技术与验证研究园区和响滩回收园区 3 个区域组成。在技术与验证研究园区，一座废弃物研究设施于 2003 年 2 月建成，主要进行关于快速稳定化技术、填埋场管理技术和污染土地修复技术等主题的研究。此外，一项针对先进环境技术开发的补贴计划于 2003 年 4 月启动，以支持成熟但因商业价值不足而无法投入使用的研发活动。7 家为解决噪声和交通拥堵问题而成立的公司从城区搬到了响滩回收园区，从而建立了一个大型的机动车回收基地。

迁入生态城镇的企业通过利用其他企业的副产品，努力与相应企业开展合作。但由于经济和技术方面的原因，回收生态城镇中的所有副产品显得困难重重，因而使用其他地区的中间废弃物处理设施和填埋场，对于园区内企业来说仍是必要的。为了应对这一问题，一座用于焚烧副产品并回收剩余热能的多功能中央处理设施于 2005 年建成。

7.4.3   生态城镇项目在日本与海外的推广

生态城镇项目允许参与企业在城市中最合适的区位开展特许业务，这种做法使该项目拓展其影响范围成为必然。于是，北九州市向中央政府申请将项目区域扩展到整个城市，这一请求在 2004 年 10 月获得批准。2005 年 7 月，北九州市生态复合产业促进委员会成立，开始在区域层面对工业区与居民区的资源和能源利用进行优化。

除了将项目范围扩展到整个城市，北九州市也尝试向海外推广该项目。1987 年制订的北九州市复兴计划的核心是：使北九州成为一座有滨水区域、绿色宜居、人际关系和谐的科技之城。自 20 世纪 90 年代后半叶起，末吉市长提出了一个致力于通过国际合作来解决全球环境问题的计划，并期望这一合作能够促进城市间的经贸往来，其中包括北九州市在中长期内的经济增长（Hashiyama and Arata，2010）。

依照这一想法，北九州市生态城镇项目的第二阶段设立了促进 3R（减少排放、重复利用、循环使用）的目标，并期望通过系统地积累各种与资源回收相关的经验，进一步拓展之前的各种行动，并在日本之外的亚洲地区建立起一座环境产业中心城市。日本政府将生态城镇确定为一种地方振兴的方式，并批准在全国 26 个县市实行这一计划。北九州市更进一步尝试通过国际合作来推动未来的经济增长。从这一点可以清楚地看出，在第二阶段中，北九州市生态城镇项目的目标由对响滩地区的有效利用拓展至开展国际协作。

在姐妹城市协议和东亚经济发展促进组织的助力下，北九州生态城镇项目将中国的城市作为合作目标。2007 年，在中日双方的协定下，3 座中国城市——青岛、天津、大连入选。例如，青岛市与北九州市就开展了以下 5 项合作：

（1）围绕青岛市提出的"资源回收产业发展计划"开展合作。

（2）调查引入废旧家用电器收集、处理技术与设施的可行性。

（3）考虑与青岛现有或规划中的回收相关产业进行合作的可能性。

（4）派遣青岛官员和相关企业的代表到日本接受培训。

（5）分别在中国和日本对该合作项目进行宣传。

生态城镇项目不仅包括技术变革，而且包括对废弃物收集系统的立法和运营管理。北九州市希望整合这些领域，对包括建设制度系统和创立回收市场在内的所有事物都进行全生命周期的开发。

此外，就提升回收机械的运行效率，以及引入保证生态城镇业务可以盈利的技术来说，废品回收方法的改良是不可或缺的，对相关操作人员的培训也是十分必要的。借助生态城镇项目，北九州市的相关企业与海外企业建立起了广泛的联系，为该项目的海外运营提供了支持。

通过这种方式，北九州市将其生态城镇项目的建设范围扩展到了整座城市，甚至通过国际合作网络将技术和运作系统传播到了中国。

7.5　结论

7.5.1　从转型治理框架分析北九州案例

如上所述，北九州生态城镇项目始于对响滩地区未使用土地的有效利用，在这一过程中，包括公私部门在内的各方逐渐参与其中。由私营部门中的关键人物提出的 PET 塑料瓶回收业务后来被中央政府纳入生态城镇项目。从那以后，在《家用电器回收法》《推进形成循环型社会基本法》的先后推动下，生态城镇中的回收业务的地理范围和回收品类便不断拓展。由于生态城镇项目的最初目的是有效利用响滩的土地，所以这种拓展没有发生在项目实施的第一阶段（1997--2002 年）。但在第二阶段，将该项目推广到整座城市甚至日本以外的国家成为可能。通过这些转型试验，这座城市从污染得到控制的工业城市转变为重视推动环境产业发展的绿色城市。

图 7.3 展示了北九州生态城镇项目的发展过程。表 7.2 则阐明了这一过程使用的主要工具（Roorda et al.，2014）。在北九州生态城镇项目中，非政府层面的转型团队由新日本制铁所八幡分部和三井集团成立的研究小组中的核心成员组成。转型竞技场则由北九州市成立的响滩开发基本规划委员会成员以及由新日本制铁所八幡分部和三井集团成立的非政府层面的顾问委员会成员组成。一些关键人物特别是北九州市政府中的要员也是这些委员会的成员。在分析有效利用响滩土地的过程中，委员会的成员们萌生出了发展"生态城镇"的构想。

具体的项目内容起初是由私营部门的行动者开发的。这些想法成为发展生态城镇项目的基础。转型治理团队和转型竞技场的成员们还开展了 PET 塑料

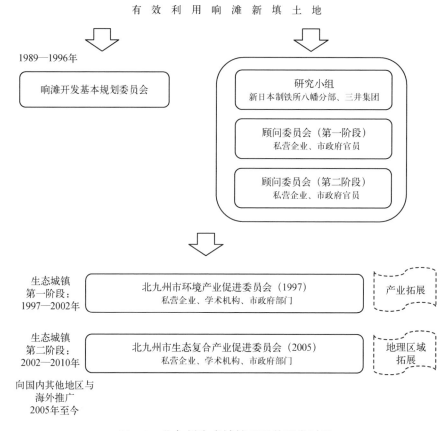

图 7.3　北九州生态城镇项目的开发过程

表 7.2　北九州生态城镇项目的主要工具

主　要　工　具	在北九州的组织和行动
转型治理团队	研究小组（新日本制铁所与三井集团）
转型竞技场	顾问委员会（第一阶段） 顾问委员会（第二阶段） 响滩开发基本规划委员会
转型试验	转型治理试验（第一阶段） PET 塑料瓶回收业务 转型治理实验（第二阶段） ① 产业拓展：回收业务范围扩大（机动车回收、家电回收等） ② 地理区域拓展：北九州市全境和中国（青岛、天津、大连）

瓶回收产业盈利能力的评估工作。政府官员们作为转型竞技场的参与者，在转型过程中扮演着重要角色，负责与中央政府沟通并获得项目资助。北九州市政府和两个顾问委员会之间形成了互补关系，共同为转型提供支持。

北九州市环境产业促进委员会于 1997 年成立。北九州市生态复合产业促进委员会则于 2005 年成立。这些委员会致力于拓展转型试验的业务领域和地域范围。北九州生态城镇项目的拓展可分为两类：业务拓展和地理区域拓展。在北九州生态城镇项目中，家电回收和机动车回收项目紧随 PET 塑料瓶回收项目之后在响滩落地，将该地转变为一个回收工业基地。北九州生态城镇项目最终将其实施范围拓展到整座城市。随后，北九州市试图通过建立姐妹城市网络向海外推广这一项目，并与 3 个中国城市开展了合作项目。国际合作不仅需要输出技术，还需要建立相应的制度体系，开拓回收市场，培训人员。因此，仅仅通过简单复制来开发另一座"北九州生态城市"并不容易。

7.5.2　北九州案例的四点经验

从北九州市由工业城市向绿色城市转型的过程中可以总结出以下四点经验。

第一，私营部门成员作为转型团队和转型竞技场中的关键人物，在转型过程中扮演着重要角色。公私部门的成员虽都是现行体制下的掌权者，但他们尝试引入新想法以改变现有体制。这些掌权者是推动转型的主要动力。早在 1989 年，响滩开发基本规划委员会便告成立，但发展回收产业的具体想法却是在 1996 年经过研究小组和顾问委员会的讨论后才出现的。这些想法由两家公司的主要人物提出，并提交响滩开发基本规划委员会正式讨论。此外，地方政府和企业因污染防治而建立的密切关系也延续下来，并成为各种转型活动的基石。由此可见，选择合适的人才对于形成"转型团队"和"转型竞技场"至关重要。此外，这座城市的独特之处也需要引起关注。

第二，私营部门在转型中扮演着重要角色，但不意味着政府的角色不重要。不论是在国家层面将环境产业与京都协议机制联系起来，还是在地方层面提出发展回收产业的具体设想，北九州市的政府官员都起到了重要作用。这些案例说明了在与具有新观念的外界行动者有着充分联系的情况下，政府官员作为转型治理者的潜力。通产省负责环境政策的资深官员访问北九州时提出建立回收工厂的想法，是早期转型过程中的转折点。

第三，北九州市通过在职培训将市政官员培养成转型治理者的做法，是推进城市绿色转型的关键。北九州市通过"招待讲座"，让市政官员从中得到历练。1989 年以来，北九州市政府部门正职官员被要求向普通市民宣讲其职权范围内的各种城市规划或项目。这一实践可以帮助官员们提升长远思考的能力并学会及时回应民众的各种质疑。此外，为了及时共享信息，北九州市积极与中央政府开展人员交流，在提升工作人员能力的同时，帮助他们建构起人际网络。例如，北九州市环境部现任负责人松冈俊和曾在 1989 年 6 月到 1992 年 5 月调任环境省工作。此外，如本案例中的顾问委员会所示，政府官员一直在积极参与和私营部门的非正式讨论。

第四，北九州市生态城镇项目成功地将当地回收产业的业务范围从 PET 塑料瓶拓展到家用电器、机动车和其他许多领域。这座城市在吸引其他绿色产业上也做得很成功。北九州市与其他参与生态城镇项目的城市结成合作网络，并将这一模式推广到海外，如中国。这一转型过程在起始阶段不一定是基于宏大的视野，它更多地体现为一个与中央政府转型步调一致、逐渐学习的过程。在这一过程中，中央政府不时地会将地方作为国家转型的试验场。

参考文献

Abe T, Inaba M (2013) Manuscript of Kouichi Sueyoshi. Nishinihon Shinbunsha, Fukuoka (in Japanese)

City of Kitakyushu (1998) History of anti-pollution measures in the city of Kitakyushu. City of Kitakyushu, Kitakyushu (in Japanese)

Hashiyama Y, Arata H (2010) Revitalizing Kitakyushu city as mayor. PHP Publisher, Kyoto (in Japanese)

Kishimoto C (2011) Creation of a sustainable local society in Kitakyushu after World War II. Perspect East Asia 22(1):23–36 (in Japanese)

Ministry of the Environment (2012) Working paper on effective collaboration policies between arterial and venous industries contributing to highly efficient utilization of existing venous industry hubs. Ministry of the Environment, Tokyo (in Japanese)

OECD (2013) Green growth in Kitakyushu, Japan. OECD, Paris

Roorda C, Wittmayer J, Henneman P, van Steenbergen F, Frantzeskaki N, Loorbach D (2014) Transition management in the urban context: guidance manual. DRIFT, Erasmus University Rotterdam, Rotterdam

Wittmayer JM, Loorbach D (2016) Governing transitions in cities: fostering alternative ideas, practices and actors, Chapter 2. In: Loorbach D, Wittmayer J, Shiroyama H, Fujino J, Mizuguchi S (eds) Governance of urban sustainability transitions, pp 17–36. Springer, Tokyo (this volume)

| 第 8 章 |

蒙特勒伊市的转型治理：由"自上而下"向"自下而上"转变

阿德里安·克劳兹[①]

【摘 要】 为了应对可持续转型问题，法国政府在环保部的推动下，于 2012 年底组织了一次关于能源转型治理的全国性辩论。围绕可持续转型，出现了两种动力来源：一是"自上而下"，通过正式的制度来引导转型过程；二是"自下而上"，通过民众自发推动。本章主要关注蒙特勒伊的案例。作为当地气候计划的一部分，该市于 2011 年到 2014 年之间实施了一个转型治理计划。本研究基于对项目团队长达 2 年的观察，旨在分析蒙特勒伊如何根据法国政策环境对自身转型治理进行适应性调整，并将"自上而下"和"自下而上"两种转型动力相结合。

【关键词】 转型 可持续性 转型治理 蒙特勒伊 反思性治理 授权

---

① 阿德里安·克劳兹（Adrien Krauz），巴黎第十大学（Paris West University Nanterre La Défense/Paris X Nanterre）研究员。

8.1　引言

8.1.1　转型是"自下而上"还是"自上而下"

在法国，"转型治理"经常被表述为"低碳转型""能源转型""生态治理"，多用于描述国家层面在可持续发展方面推动的转型进程，或者城市层面的可持续转型治理理论和实践。也有人将"自下而上"的转型治理统称为转型治理，即把分散的、多样化的、已经存在的社会运动或社会创新倡议等活动统称为转型治理（Rumpala，2013；ATTAC，2013）。

由机构推动的转型治理技术革新，以及依靠社会创新、社区和民间的互动，加速了法国政治文明的进步。法国的共和理念是通过组织公民与国家之间的所有中间力量，消除公民与国家的鸿沟，并形成一个宏观框架，在这个框架中商讨社会转型的可行方案。公共政策领域出现的"吸引参与和慎重审议"便是这一鸿沟的表现，民众从违背公共利益、与实践和地方实际相抵牾的角度质疑专家治国论的合法性，并质疑民选代表在决策方面的垄断性（Sintomer and Blondiaux，2002）。

然而，"自上而下"和"自下而上"这两种转型方式相互之间并不排斥，即"自下而上"的方式要求机构代理人有能力用不止一种方式来实现转型。事实上，不少关于"生态转型"的论述，尽管看上去是出自本地人之手，实际上却是由外地人提出的，如分享型经济等（Frémeaux et al.，2013；Grandjean et al.，2014）。

转型治理是一个基于协作的治理框架，其目的是让来自不同背景的人参与构想更可持续的未来，并参与创新活动和创新试验（Kemp and Loorbach，2006）。这些参与者可以在利基或管理体制方面，进行适度的、积极的创新，充当转型治理的重要力量（Avelino and Rotmans，2009）。

在转型治理中，"自上而下"和"自下而上"的转型方式是如何进行对话的？当管理者或管理机构的代理人与利基市场的代理人以及基层参与者在转型治理平台上相遇时，又会擦出怎样的火花呢？

8.1.2 可持续发展的定义

可持续发展是一个模糊的、包含诸多论述的概念。它承载着一个不断变化的转型范围，从"国家探索""生态现代化"等经由渐进的、自上而下的过程实施的变革，到更加具有变革性的路径。在这些路径中，变革是制度内外部行动的结果（Hopwood et al.，2005）。这些具有变革性的路径是基于文化层面的要求、对日常生活的颠覆以及对现存的个体和社区自治权利的渴求（Gorz，2008）。其结果是"科学层面的生态"和"政治层面的生态"间的对立。前者是一种取决于专家和科研机构对生态系统承载力阈值界定的"专家政治"，而后者则捍卫着日常生活的文化、自治权利以及个体和集体的自我能力。这种对立是"不可通约性"（incommensurability）的成因，这种特性可能出现在没有任何共同基础的交流中，并导致爆发潜在冲突的可能性上升以及两类转型间出现分歧。

在转型研究中，可持续性并没有被定义为一个具有实质性的概念，而更多的是一个散乱的运动场（Robinson，2004）和"一个在深度政治和吸引参与的过程中兼容多种路径的开放式变革导向"（Grin et al.，2010）。这些对可持续性的定义允许讨论性的构想出现，就像它可以使关于多重价值观的争议和不同的世界观植根其中一样。转型研究的关注焦点看上去正在从科技创新转向基于社会和草根创新（Seyfang and Smith，2007）、授权和社会学习（Avelino 2011；Schäpke et al.，2013）的路径。这一路径为日常生活、草根创新的持续发展做出了贡献，并号召人们对更加制度化、现代化的可持续性概念进行讨论。

转型治理怎样才能缓和两种截然相反的转型动力之间的对立关系？从这些对立观点的碰撞、对话和谈判的过程中会形成怎样的关于可持续发展的定义呢？

8.1.3 法国转型治理的现状

在法国，转型治理是一个全新的概念，相关的学术研究文献不多。也有学者质疑转型治理在低地国家以外的国家实施的可能性，因为"达成共识的能力和围绕环境问题统筹资源的能力在世界其他国家和地区都是完全不同的"（Boulanger，2008）。

本章以蒙特勒伊市为例，这座位于巴黎近郊的城市，在实施当地气候计划时，于2011年到2014年之间实施了一个转型治理计划。

本研究是基于笔者对该转型项目管理团队长达2年的观察，笔者当时在为当地能源部门工作时曾是以上团队中的一员。该能源部门与市政府签有协议，为这一转型过程的实施提供支持。该项目所具有的不确定性和创新性使得笔者在将自己的身份从"参与的观察者"逐渐转变为"善于观察的参与者"的过程中遇到了许多挑战。笔者可谓"绞尽脑汁地参与"，这是因为在参与过程中，"参与的强度使我不可避免地混淆了自己的不同身份"（Soulé，2007）。有时，项目活动参与会变成笔者的全职工作，这通常限制了笔者作为观察者的机会，并导致笔者难以在研究项目中与观察对象保持必要的距离。故本章在方法论上主要使用田野调查和非正式访谈归纳法。

在一个中央集权传统深厚的国家，有着不同诉求的主体能否开展合作？他们会在哪些方面进行合作？不同观点、角色、文化能否在转型治理过程中实现融合？

8.2 转型治理背景

8.2.1 历史背景

蒙特勒伊市的历史可以说是一部转型史。从中世纪到19世纪中期，蒙特勒伊市都是一座农业小城，其经济主要依赖葡萄和桃类种植业。随着工业革命的到来，当地数量众多的工业活动推动了大规模城市化进程，城市用地逐步取代农业用地。20世纪60年代，工业的萎缩给当地造成了大规模失业。40年后，随着服务业的扩张，当地经济出现了新的活力。

今天的蒙特勒伊市是巴黎都市圈内第四大人口城市，拥有超过10万名居民。蒙特勒伊是座复杂的城市，在巴黎都市圈中处于枢纽位置，被夹在"母城"巴黎、富裕的南郊和更加贫困的东北郊之间。因此，这座城市也被一分为二：由一条长坡和一条高速公路组成的地理边界将这座城市一分为二，分割为缺乏公共交通和普通住宅的蒙特勒伊高地地区和靠近巴黎、对居民更有吸引力的蒙特勒伊低地地区。

蒙特勒伊的人口曾经多为持续不断涌入的移民，因而城市分化明显：2000年前后，相对富有移民的涌入导致了蒙特勒伊低地地区中产阶层化。2008年，前国家环保局局长在蒙特勒伊市市长的选举中获胜，成为一名"绿党"市长。蒙特勒伊也因此成为法国最重要的绿色城市。在2014年的一次选举中，生态学家、社会主义者和共产主义者组成的联盟再次将一名新的共产主义市长推入市政厅。

当前，城市的可持续发展不仅要缓解气候变化的影响，加速能源转型，还需要解决社会不平等、住房供给不健全、燃料短缺、公共交通和就业不平等等社会问题。而在法国，城市在国家和大区政策面前的回旋余地非常有限。

8.2.2 政策背景

在"绿党"候选人当选之后，蒙特勒伊市政府通过了2009年的"市长盟约"，致力于减缓气候变化，超越欧盟的"3×20"目标（到2020年，可再生能源比重达到20%，减少20%的二氧化碳排放，能源利用效率提高20%），并且在2050年实现"4倍因子"（一种环保理论的标准，译注）。为了实现这些雄心勃勃的目标，蒙特勒伊市同时启动了"地方气候计划"（PCET）和"21世纪地方议程"。

"地方气候计划"主要围绕三个方向采取措施：① 市政府本身，减少所有与市政厅活动直接相关的二氧化碳排放，比如市政建筑、车队、公共照明，并且增加可再生能源的产量；② 城市内部，管控与城市直接相关的二氧化碳排放，比如住宅、公共交通；③ 城市外部，动员当地其他利益相关群体共同减缓气候变化。

蒙特勒伊市还申请了为期五年的欧盟 MUSIC 项目资助，为试点项目提供补贴。该市的转型治理主要植根于"地方气候计划"第三部分，这是因为它在动员市民参与的转型试验中更具潜力。

8.3　转型过程概述

8.3.1　创建转型团队（2011 年 1—4 月）

实施转型治理的第一步是创建一个团队，这个团队负责开展所有与转型相关的活动。在本案例中，这一步是在一名社会转型治理专家的帮助下实现的。在团队建立过程中，召开了多次团队建设研讨会，对转型治理系统概念进行了解读，制订了关于该市转型分析的初步方案。

转型团队由 5 到 9 名成员组成，以 3 年为周期进行调整。虽然转型治理过程植根于地方气候计划并由主管环境部的官员领导，但团队成员是来自不同市政部门的，如环境经济部、城市开发部、总办公厅、城市社会发展部，也有来自当地能源署的，还有与气候变化相关的非政府组织。

该转型团队的特点在于其成员之间既保持着横向一致性，又在纵向层面存在多元性。虽然这一项目由环境部负责，但项目团队成员及不同部门仍享有部分自主权。转型团队构建了一个非常独特的"保护机制"，其成员在自由探索对城市的新理解和尝试新实践的同时，却不用担心责任和义务的束缚。他们在团队内的实际任务远超他们原本计划的工作量。

8.3.2　为转型竞技场募集先行者（2011 年 4—9 月）

转型团队通过招募有意参与社会转型的"先行者"来增强团队的实力。这些"先行者"是可能将其专长、知识、影响力和创造性带入转型过程的变革代表。他们因为具有开放的观念、强烈的求知欲、良好的倾听能力、对城市有较强的归属感、有能力提出创造性的解决方案等专长而被转型团队选中。转型团队通过滚雪球抽样法找到了约 40 名变革代表，他们的访谈记录则于 2011年 4—9 月陆续提交。转型团队付出了大量努力，以尽量平衡变革代表的性别比例，并召集了许多具有不同社会和职业背景的变革代表，以抵消这座城市的社会结构差异对转型竞技场造成的影响。这些努力是为了让更多非专家或非专业人士加入转型过程，同时也是为了将那些来自商界或活跃的移民社区、平常难以接触到的行动者纳入转型竞技场。虽然付出了以上努力，但结果依然有缺憾：转型团队接触的企业群体在社会维度上与蒙特勒伊的可持续发展相背离；来自移民社区的人们则将维持自己的生计置于最优先的位置，因此无暇顾及生态可持续性问题。其结果是：转型竞技场主要由中年男性白人专家组成，他们深知自己无法代表蒙特勒伊社会人口的整体面貌。大致看来，转型竞技场主要由活跃于可持续领域的先行者和其他领域的先行者组成，他们推动了关于蒙特勒伊可持续问题的广泛讨论。

8.3.3　转型竞技场（2011 年 9 月—2013 年 3 月）

访谈记录以及相关政策文件是转型团队编制转型分析报告的主要信息来源。这份转型分析报告突出了蒙特勒伊市的核心价值观念以及它作为将创新、替代性文化和实践常态化的"小微城市"的特点，并确定了 6 种可持续资源。在 2011 年 9 月举办的首次转型竞技场会议上，这份分析报告被分发给大约 25 名受访者。受访者们对转型团队的工作做出了积极回应，但他们同时也强调在社会组织和市政府之间建立新合作关系的方法，整合战略性思考和行动的必要性。在这一时间点，这一过程被建构为通过市政府与先行者们的协同创新试验挑战传统参与模式。

2011 年 11 月召开的竞技场会议，有几个先行者表达了他们对现有方法的批判。他们发现这种方法过于理论化：对可持续资源及其演变的过度关注，专业词汇的使用，S 型转型曲线，以及诸如"体制"和"利基"这样的词语的反复使用，让他们感觉这种转型理论太抽象了，他们需要更能适应转型分析的方法和内容。2012 年 1 月召开的竞技场会议旨在克服这些问题，并允许参与者重新对社会进行分析，并找出城市面临的新挑战。这次会议的召开拓宽了可持续讨论的视野：从最初关注减缓气候变化和能源转型到强调要构建可持续发展的社会，也就是充分发挥文化、公民参与、传统知识在可持续社会中的作用。这次会议讨论的结果被记录在小册子上，分发给与会者。

在第一阶段的分析结束之后，2012 年 3 月召开的第三次研讨会讨论了 2030 年蒙特勒伊市的理想未来，会议围绕适度消费的城市、加强社会凝聚力、巩固地方民主这三个方面构建了一个愿景。此愿景并未被细化。这一转型被设想为一个全球化的过程，基于不受控制的"现象"，依赖各种现存的、自下而上的举措和对地方民主的改革。

第四次、第六次和第七次研讨会则致力于提出适应未来以及相关指导原则的创新项目。在第一次研讨会期间，转型治理团队收集了 4 个"怎么办"问题的答案。转型治理团队将收集的 300 多个想法，按照矩阵分类，并通过投票选出高票答案。第二次和第三次会议则是专门为提供"解决方案卡片"的参与者准备的。因此，从乌托邦化的移动城市到更具体的转型项目，最终得到 7 个"解决方案卡片"，这些卡片上有的是简短的解决方案，有的是一段描述，有的是一个口号，而且这些都与现有的计划相关联。

与此同时，整个过程也出现了一些不确定因素：参与者们不知道应该对他们的参与抱有何种期待；他们对转型过程的结果表示怀疑；他们虽被称为先行者，但他们对与市政府如此密切地合作是否合法表示怀疑；他们想知道这一过程究竟会产生怎样的具体结果。这些质疑使得转型竞技场有必要从持久性、连贯性和保证其成员参与和投入的有效性方面对自身进行反思。因此，2012 年 9 月召开的第五次竞技场会议讨论了以上议题。转型团队和先行者们在经选举产生的代表们在场的情况下，签署了一份关于深化各项合作前提条件的文件。

2013 年 3 月在市政厅召开又一次转型竞技场会议。作为启动转型议程官方仪式前召开的最后一次会议，该会议的时间点被适当提前，以供与会者们反思整个过程，并认真思考团队的未来、每一名参与者在宣传会议成果中所扮演的角色和各项目的实施举措。

转型议程于 2013 年 6 月向社会公示，并由市长在一场启动仪式上正式发布。一项由竞技场参与者主持的"数制工坊"项目也在这场仪式上揭牌。

8.4 成果

起初，市政府对于参与转型治理过程会得到怎样的结果并没有确切的想法。负责该项目的民选代表将此事全权委托给转型团队。转型治理植根于地方气候计划。因此，转型治理的焦点在于更新常规和传统的参与路径，而要想通过公共政策协同创新试验使新的公共参与路径超越传统参与路径，已被证明是非常困难的（Arnstein，1969）。事实上，参与者们的访谈记录表明他们中有些人对地方气候计划的实施感到不满，因为协商的形式已经注定了这一过程的结果。

此后，由于将转型治理引入当地导致了该项目从"共同创立公共政策"向"怎样为共同创立公共政策创造条件"转变，这也使得项目的主导权发生了变动。除了共同创建转型议程之外，转型治理团队还设立了一个旨在应对项目中的不确定性和确定公职人员在转型中的角色，包含反思性讨论的议程。

这一反思性讨论议程使得公职人员对项目以创新性为特征的不确定性有了更深刻的理解，并因此形成了一场对惯例的真正变革。他们学会通过优化团队的"自我管理"能力以减少这种不确定性，并意识到这样做的好处，这是因为这一过程创建了一种独特的"保护机制"。

转型议程是一个总结了历次转型竞技场会议成果的综合文档（见表 8.1）。在这份文档中，转型团队尝试解释整个转型竞技场的不同阶段，以使这一文档具备教学功能，并使其中的方法得以推广。

表 8.1 转型议程的要素概览

（a）

可持续转型资源	转 型 挑 战
经　　济	如何重新定位食品供应链并使食品生产更加安全和本地化？
人　　口	如何使能源转型成为一项共享、包容、面向全社会的项目？
公共建筑和住宅	如何建构环保建筑部门？

续　表

可持续转型资源	转 型 挑 战
自然和城市农业	如何基于合作伙伴关系发展出与环境的新关系？
社会凝聚力	如何使社会凝聚力和公众参与变成每个项目的核心？
交　通	如何将自行车文化植根于用户和设计者的心中？

（b）

可持续性指导原则
能源转型不是一项孤立的转型，而是包括政治、社会和文化的综合性转型
转型依赖于现有的创新实践和试验
将社会凝聚力作为指导性原则
公共空间是转型的媒介
将在地化作为"新地平线"

（c）

共 识 性 构 想
将蒙特勒伊建成一座能源生产和消费均处于适度水平，在共享、公平的基础上加强社会凝聚力，发展依赖市政府和市民的新关系建构的城市

（d）

解决方案卡片	具 体 内 容
① 移动城市	一种动态、长期变革的新方式
② 共享空间和知识	将失业人员和生态建筑公司聚集起来，以共享知识，并建造共同住宅
③ 城市的新陈代谢	用自然的新陈代谢过程替换废弃物和废水管理
④ 多产的屋顶	利用屋顶种植作物、收集降水并生产能源
⑤ 参与式建筑翻新	推广 DIY 生态建筑翻新
⑥ 为"社会创新"创造"能源凝聚力"	通过节庆或艺术活动推广生态建筑翻新项目
⑦ 转型学校	与学习、共享、集聚、制造、生产和试验皆有关的"数制工坊"

在 2013 年 6 月的启动仪式后，这一转型过程并未结束。转型团队成员知道市政府没有必要的资金支持实施在转型竞技场会议上提出的各种项目。此外，市政府选举将于 2014 年举行，这意味着竞选活动即将开始，因此此时对于开发新项目而言不是一个合适的时机。转型团队决定运用源于转型竞技场、吸引民众参与的动力，以完成实施项目草案所需的路线图。他们策划了一场为期 2 天的活动，与先行者们一起宣传转型竞技场会议中产生的"解决方案卡片"。100 名对转型试验或生态设计感兴趣者也参与了这次活动。

由于市政选举即将来临，执政理念可能也会变更，这些宣传活动产生的推动力难以长期维系，因此这些项目主要由转型竞技场的参与者负责。地方能源署主持了与能效建筑革新有关的项目；先行者和社会住房组织合作以利用屋顶生产食品和能源；"数制工坊"则得到了来自转型竞技场的动力的支持。即便在缺少来自市政府的资金和人力支持的情况下，不同的利益攸关方之间也建立了新的合作关系。

除了转型竞技场会议中确定的项目或转型试验之外，转型议程启动后的第二项主要活动是预设地方转型议会（Local Transition Council，LTC）。该议会被视为为加速转型创造有利条件的关键因素。转型团队额外召开了两场转型竞技场会议，以反思地方转型议会的组成、职能、资金来源和治理方式。地方转型议会被定义为开放的议会，其在转型中的角色是为转型试验、项目孵化提供支持，并提高民众对于转型相关问题的知晓度。正式创建地方转型议会是转型团队与 2014 年当选的新联合政府成员政治协商的目标之一。

8.5 讨论

在本节中，我们从"自上而下"和"自下而上"的逻辑、制度行动者和市民、对传统角色的再定义、权力关系反转的角度重构了转型过程，并从中得到了一种全新的、共享的"转型文化"。

蒙特勒伊的转型过程展现了一种包括制度行动者和市民行动者的独特安

排。转型团队是在公职人员和能源署（一个由公共组织资助的半官方非政府组织）职员的共同努力下搭建的。这种安排为每一名行动者赋予了不同的角色和作用。在气候和能源问题上，能源署有着专业的知识，且在当地拥有支持者，但其过度依赖政府的组织结构较为脆弱，因此该组织一直在寻求自身的合法性和自治性。

市政府虽然因为能源署的专长而与其签订了合作协议，但项目的具体实施在两个组织之间形成了一种含混不清的关系：既对等又不对等的关系。这种缺乏对双方角色的明确定位的状态导致这种关系在这一过程中不断演化。

民选代表全力支持转型项目并全权委托转型团队实施该项目。但这种自由裁量权却难掩转型治理在整体层面上缺乏明确目标的事实。这一事实增加了转型过程的不确定性。这一问题被能源署顺利解决。该组织也因此得到了赋权，成为更有领导力的角色，重构了转型过程的主导权，并在转型团队内部以幕后推手的形式引导着该过程的运行。

8.5.1 能源署的角色

转型治理过程的领导权逐渐由转型团队中的公职人员转移到当地的能源署。这一变化是对早期转型目标的再造以及对转型治理过程的适应性进行反思的直接结果。从将转型竞技场视为缓和气候变化而动员市民行动的新尝试出发，转型团队围绕三个目标对该过程进行了重构。

首先，这一过程应当能够为市政府和社会力量之间的合作创造空间。如前文所言，法国公共政策领域出现的"吸引参与和慎重审议"的呼声，质疑了专家们在定义公共利益方面的合法性以及民选代表们对决策的垄断性。转型竞技场因其强调参与创新的行动者之间的协商、对话、合作，而被视为建立不同群体间新型合作关系的新尝试。它与最初的"动员市民"框架的不同之处在于平等和开放的理念。

其次，这一过程可以使转型团队突破政府和专家只从缓解气候变化理解可持续发展的狭隘观点，从市民的立场重构可持续发展问题。

最后，这一过程可以鼓励制度性反思（Argyris and Schön，1974），而这正是政府与社会力量协同创新的前提条件。在意识到公职人员之间缺乏协同创新文化的痼疾后，能源署促使转型团队成员重视项目的反思维度并回答以下潜在问题：我作为一名在政府工作、代表政府的公职人员，在转型中的角色是什么？也因此，能源署扮演了反思推动者的角色（Demoulin and Tribout，2014），并从市政府这一最有权势的参与者手中推动了反思的落实。

8.5.2　传统专业角色的互换

在和潜在先行者面谈的招募阶段中，转型团队成员努力寻找最符合他们定义的"人群画像"的个体。他们询问同事、朋友和亲戚是否认识这样的人。他们对于当地对可持续发展抱有疑虑的行动者，以及城市中的转型促进者的关系网有了更多的了解，并找到了一些给他们启发的人。整个面谈过程是一种信息挖掘过程，团队成员们接触到了坦率而真诚的观点，并对这座城市一直以来存在的问题和它的未来有了新认识。

这一过程使得一直在公共机构或者体制内工作的小组成员们接触到了各行各业的行动者，他们对于城市可持续发展问题进行了或多或少的激烈讨论，其中包括对现行市政措施的批判。总的来说，整个转型团队成员均对这座城市的现状及未来前景有了更多的认识。

在掌握了由这些面谈带来的当地有关信息之后，转型团队成员进行了首次转型分析。团队成员分析了 40 次面谈掌握的所有材料，编写了一份综合报告，介绍了 6 种可持续资源——经济、住房和建筑、城市自然环境和农业、交通、公共参与、社会凝聚力，以及它们各自面临的转型挑战。这种从市民非正式意见向系统的转型分析的转变，不可避免地会对转型分析报告进行有意或无意的修改，以使其内容与城市整体环境政策相适应。

为了避免这种制度性的重构，转型团队召开了一场旨在分析各种转型概念、挑战的竞技场会议，以解构首次转型分析，并从先行者的角度对其进行重构，进而揭示关于这些问题的新安排、新框架。在可持续构想方面，制度化论述着重关注能源问题和缓和气候变化问题。而对转型竞技场会议提出的各种挑战的再确认，引入了与之截然不同的关于可持续性的构想。

政府官员在学习过程中受到引导，从而汲取了先行者提供的灵感和专业知识。此外，转型分析的规划是这些转型推动者和政府官员之间来回沟通的结果，这些政府官员脱离原来所在的机构和原有的专家身份，转而利用他们的能力来了解当地人的想法。这种使得政府官员作为公民共同制定公共政策的角色重塑，是城市转型治理的关键，特别值得关注。

8.5.3　市民与行政机构之间的新型合作关系

在第一次转型竞技场会议期间，与会者们提出了这样一个问题：我们怎样才能在市政府和市民之间建立新的合作关系？负责该项目的市议员承诺，他们不会干预或操控该项目及其成果，重申授予该项目团队的权力。其中一位与会者甚至补充说道，相反，民选代表应该充分利用转型竞技场会议中提出的想法。在就参与者对自己当前行为的量化评估是更倾向于"制度化"还是"独立性"，以及他们认为自己在不久的将来行为倾向在同一尺度上是否会产生变化的调查结果表明，他们希望同时将来自体制内和社会的参与者聚集到一起。

在接下来的转型竞技场会议期间，转型团队成员和先行者之间的关系有了进一步演化。在互信关系建立之前，转型团队接纳了先行者们提出的关于城市管理或与此相关项目的批评意见。

转型团队成员在转型竞技场会议中表现得越来越活跃。转型团队成员的态度在第六次转型竞技场会议期间发生了改变。那时，他们起草了一份纲领：关于由转型团队成员、当地市议员和能源署成员组成的城市方以及由先行者组成的转型竞技场方相互合作。先行者们进一步补充说道，转型竞技场应当包括转型团队，因为该团队参与了整个过程，并为顺利完成这一过程做出了积极贡献。这份纲领包括了转型竞技场的治理规则，如尊重决策中的平等性、共同领导、相互尊重、达成共识、无批评原则和竞技场会议中形成的成果由全体成员共享。这种合作空间的出现，使得转型团队可以超越传统的科层化且对立的关系，弥合普通市民和体制内行动者之间的鸿沟，从而体现参与过程的平等性。

8.5.4 协同转型文化的出现

转型竞技场将来自体制内和社会的行动者以一种平等、合作的方式聚集在一起，改变了传统专业性角色发挥作用的方式。可持续性的定义包含了各种立场不同的论述。转型治理在"能源转型"的标签下，植根于地方气候计划，主要关注碳减排和降低能源消费。

本次转型中出现的最初挑战，被转型团队通过引入社会领域的可持续模式所化解。社会领域的可持续性强调能源转型不是一场孤立的转型，而是涵盖了社会、文化和政治的转型。这一观点经由讨论和反思成为转型竞技场会议中形成的第一批指导性原则。蒙特勒伊的转型竞技场表明可持续转型不仅仅是个政治问题，它还带来了生活方式的彻底改变和文化转型。转型竞技场会议提出的解决方案引出了关于可持续性的朴素定义：生活方式的简单化、愉悦的感受和低技术含量的解决方案。所有这些都将促进人口多元的蒙特勒伊社会凝聚力的增强。

参考文献

Argyris C, Schön DA (1974) Theory in practice: increasing professional effectiveness. Jossey-Bass, San Francisco

Arnstein S (1969) A ladder of citizen participation. J Am Inst Plann 35(4):216–224

ATTAC (2013) Petit manuel de la transition: pour toutes celles et ceux qui aimeraient mais doutent qu'un autre monde soit possible. les Liens qui libèrent, Paris

Avelino F (2011) Power in transitions. Empowering discourses on sustainability transitions. PhD dissertation. Rotterdam University

Avelino F, Rotmans J (2009) Power in transition: an interdisciplinary framework to study power in relation to structural change. Eur J Soc Theory 12:543–569. doi:10.1177/1368431009349830

Boulanger PM (2008) Une gouvernance du changement sociétal: le transition management. Rev Nouv 11:61–73

Chateauraynaud F (2013) La radicalité est-elle soluble dans l'argumentation ? La sociologie des controverses et l'endogénéisation de la critique sociale. Paper presented at the doctoral seminar Fructis Arc, Liege University, 17 Apr 2013

Demoulin J, Tribout S (2014) Construire des espaces de réflexivité pour analyser et transformer les pratiques professionnelles: un travail de légitimation, ¿Interrogations? 19

Frémeaux P, Lalucq A, Kalinowski W (2013) Transition écologique, mode d'emploi. Les Petits Matins, Paris

Gorz A (2008) Écologica. Galilée, Paris

Grandjean A, Le Teno H, Hulot N (2014) Miser (vraiment) sur la transition écologique. Les Ed. de l'Atelier, Paris

Grin J, Rotmans J, Schot J et al (2010) Transitions to sustainable development: new directions in the study of long term transformative change. Routledge, New York

Hendriks CM, Grin J (2007) Contextualizing reflexive governance: the politics of Dutch transitions to sustainability. J Environ Policy Amp Plan 9:333–350. doi:10.1080/15239080701622790

Hopwood B, Mellor M, O'Brien G (2005) Sustainable development: mapping different approaches. Sustain Dev 13:38–52. doi:10.1002/sd.244

Kemp R, Loorbach D (2006) Transition management: a reflexive governance approach. In: Voss JP, Bauknecht D, Kemp R (eds) Reflexive governance for sustainable development. Edward Elgar, Cheltenham

Laclau E, Mouffe C (2001) Hegemony and socialist strategy: towards a radical democratic politics. Royaume-Uni, London

Meadowcroft J (2011) Engaging with the politics of sustainability transitions. Environ Innov Soc Transit 1:70–75. doi:10.1016/j.eist.2011.02.003

Nez H (2012) Nature et légitimités des savoirs citoyens dans l'urbanisme participatif. Une enquête ethnographique à Paris. Sociologie 2:387–404. doi:10.3917/socio.024.0387

Paredis E (2013) A winding road. Transition management, policy change and the search for sustainable development. PhD dissertation. Universiteit Gent

Robinson J (2004) Squaring the circle? Some thoughts on the idea of sustainable development. Ecol Econ 48:369–384

Rumpala Y (2013) Sur les possiblités d'une transition écologique "par le bas": vers une théorie post-gouvernementale. Paper presented at the workshop "Développement durable et 'acceptabilité sociale'". Paris Val de Seine Architecture School, 15 Feb 2013

Schäpke N, Omann I, Mock MM et al (2013) Supporting sustainability transitions by enhancing the human dimension via empowerment, social learning and social capital. Proceedings of the SCORAI Europe workshops, Rotterdam, 7–8 Oct 2013

Seyfang G, Smith A (2007) Grassroots innovations for sustainable development: towards a new research and policy agenda. Environ Polit 16:584–603. doi:10.1080/09644010701419121

Sintomer Y, Blondiaux L (2002) L'impératif délibératif. Politix 15:17–35. doi:10.3406/polix.2002.1205

Soulé B (2007) Observation participante ou participation observante ? Usages et justifications de la notion de participation observante en sciences sociales. Rech Qual 27:127–140

Governance

of

Urban

Sustainability

Transitions

城市可持续转型治理的反思与启示

茱莉娅·M.维特梅尔 [①]

【摘　要】　本章主要对阿伯丁、根特、蒙特勒伊、东近江、北九州 5 个欧洲和亚洲城市探索性应用转型治理框架的实践进行总结与反思。通过聚焦某一转型治理原则，本章分析了本书中 5 个实证研究章节中概述的转型治理活动在为城市建立替代性的制度和创造变革空间上做出了何种贡献。该分析为转型治理原则的运用和转型治理过程的设计提供了可借鉴的经验。

【关键词】　治理　当地环境　实践　治理原则　社会关系　转型竞技场　转型治理　可持续性

9.1　引言

本书一直强调，我们生活在一个复杂且变幻莫测，面临着各种不同挑

[①]　茱莉娅·M.维特梅尔，任职于荷兰鹿特丹伊拉斯姆斯大学荷兰转型研究所，主要研究方向社会创新、可持续转型和可持续性治理等。

战的世界。为了应对这些问题，转型治理等新治理模式的出现是必然的。这些治理模式正被不断应用于城市治理中（Loorbach and Shiroyama，2016；Wittmayer and Loorbach，2016；Nevens et al.，2013；Nevens and Roorda，2014；Wittmayer et al.，2015）。

第4章至第8章，既从实施转型框架的角度关注转型治理在实际操作层面的应用（Hölscher et al.，2016；Frantzeskaki and Tefrati，2016；Krauz，2016），也从探索性分析视角来描述城市中业已完成或正在进行中的治理过程（Mizuguchi et al.，2016；Shiroyama and Kajiki，2016）。本章分析了以上5个实证章节中概述的转型治理活动在为城市建立替代性制度和创造变革空间上做出了何种贡献。本章首先讨论了引发转型治理活动的背景。其次，本章分析了转型治理活动是如何为不同主体之间的互动创造空间的，以及有哪些观点、实践和社会关系出现在这些空间当中。最后，本章总结了转型治理原则运用和转型治理过程设计中的一些经验。

9.2　各地转型背景和挑战

阿伯丁、根特、东近江、北九州和蒙特勒伊5座城市虽然处于不同的社会文化、政治、经济和地理环境中，但均可以运用转型治理。这些城市的人口规模从100 000人到1 000 000人不等，都面临着不可持续的发展方式带来的整体性挑战（见表9.1）。

现有的体制、社会文化和实践会影响可持续发展的具体含义以及哪些替代方案可能会被开发出来。在欧洲，转型过程主要关注公共部门和社会力量之间的合作；日本的转型实践更清晰地展现了商业力量在转型过程中的推动作用。以上5个城市的案例有一个共同特点，即公共部门通常仅关注生态层面的可持续性，但市民代表却强调将社会考量引入转型路径中。

在欧洲，各种对城市造成影响的发展因素正因人口数量和结构的变化而改变。2008年金融危机的出现，导致各国财政预算的普遍削减，社会整体福利

表 9.1 5 个城市的当地环境、转型动力和挑战概览

主要内容	阿伯丁	根特	东近江	北九州	蒙特勒伊
当地概况	210 400 名居民；苏格兰北部的沿海城市；宏大的碳减排目标	240 000 名居民；比利时东部的港口城市；实现碳中和的宏大目标	120 000 名居民；位于名古屋和京都中间的日本中心地区；宏大的碳减排目标	970 000 名居民；位于日本九州岛西部的最北端的城市；宏大的碳减排目标	130 000 名居民；在空间上紧邻巴黎；宏大的碳减排目标
城市转型发展动力	在公私部门间创立能效文化	建立"气候联盟"，作为行动者的联络网络	在食品生产、能源生产、老龄照护领域创造工作岗位；高度老龄化社会	在环境治理领域创造工作岗位；高度老龄化社会	为"积极的能源战略"实施创造条件
探索性的转型治理应用	转型治理被应用于实际操作层面，为开发城市可持续发展路径提供支持，动员不同的城市行动者开展转型治理合作。转型治理也作为一种探索性方法用于分析转型构想用的价值	转型治理被应用于实际操作层面，以探索中和对城市未来的意义，并被用于吸引其他行动者加入转型过程	转型治理作为探索性应用于实际操作层面，用于探索多利基创新是如何出现的	转型治理作为探索性应用于实际操作层面，用于分析工业城市向绿色城市转型的典范——北九州生态城镇项目	转型治理被应用于实际操作层面，以动员当地利益攸关方参与气候变化的治理活动

因之减少，就业机会也随之减少，青壮年失业率高企，在此背景下，各城市还有着高标准的碳减排目标。因此，阿伯丁、根特和蒙特勒伊为应对气候变化，都在碳减排方面设定了宏大的目标。这一目标可以回溯到各城市参与 MUSIC 项目之时（Wittmayer et al., 2016）。在转型治理过程中，追寻可持续的未来也意味着拓宽既有的狭隘问题框架，放弃城市现有的一些特性，并通过多主体协商寻找城市新的特性。例如，对于阿伯丁来说，以上过程是对城市从"原油城市"转变为"低碳城市"的展望。

在日本，东近江市的案例清楚地表明了当前日本社会所面临的三重挑战：过度老龄化带来的社会人口挑战，推动本国主导能源向可再生能源转变的挑战，经济持续健康发展的挑战。在北九州市，将转型焦点根植于环境污染治理和废弃物回收产业的建立，与城市的时代特点有关。在历时多年的实践后，北九州市最终成功转型，并创造了新的工业生态和更多就业岗位。

9.3　为不同主体交互创造空间的转型治理

上文中提到的转型治理原则之一，便是为建立替代性机制创造变革空间（Loorbach，2007，2010；Wittmayer and Loorbach，2016）。这一原则得到了进一步发展，转型治理理论将其表述为"为不同类型的行动者创造交互空间，以使替代性的观点、实践和社会关系得以产生"（Wittmayer et al., 2014）。这些空间也被描述为"使转型过程隐匿于常规政策中"（Van Buuren and Loorbach，2009）。

基于以上观点，本节识别并分析了这些空间。本节的分析更多地聚焦于实际操作层面，即如何创造这些空间，同时本节也包括来自转型治理中的探索性应用经验。罗达等人（2014）基于转型治理过程中因不同设定而造成的差异，将转型竞技场和转型团队视为交互空间，对二者分别进行了分析。但这不能掩盖这两个空间的交互：这两个空间彼此重叠并持续不断地交错演化。例如，北九州市的转型过程表明，转型团队成员在转型竞技场会议中也会扮演某些角色，二者在人员上存在重叠。相比之下，欧洲城市的转型竞技场会议则是由既不属于城市行政部门也不属于当地社区的专业人士推动的。

9.3.1　转型团队

转型团队既可以被定义为转型治理过程中的行动者，也可以被当作不同行动者的交互空间。作为行动者，转型团队在参与转型治理过程中实施了一系列行动。关于转型团队的描述如下（Wittmayer et al.，2011）："转型治理团队不仅要准备、记录、分析、监管、协调、管理和评估整个过程，而且要选择参与者，向他们传授背景知识和专业知识。转型治理团队将许多群体集聚起来，负责对内和对外交流，在产生分歧的情况下作为调解者，对竞技场会议内外的所有活动都有全面的了解。"

转型团队由不同类型的行动者组成，他们聚集到一起共同合作，以推进转型进程。在欧洲城市中，转型团队由来自不同部门的政策制定者、转型研究者和辅助者组成。这些行动者提出了他们的世界观和问题框架，这些都需要在转型团队内部不断协商，以建构和实施参与过程。欧洲城市转型团队成员边做边学：他们需要在转型研究者的支持下，根据从一系列转型会议中获得的转型治理知识，建构、实施转型治理过程。从这一角度来说，转型团队也是一个学习、培训和试验的空间。

来自不同部门的政策制定者携手合作的事实，也使转型团队变成了一个跨部门合作的空间。例如，在蒙特勒伊，这种合作被认为是没有层级的、开放的。根据克劳兹（2016）的观点，这种开放性使政策制定者对他们所在的城市产生了更新颖、更全面的理解，并可以在摆脱部门限制的情况下试验新的工作路线。在阿伯丁，转型团队内部的交互向"没有面向未来思考"的传统政策结构发起了挑战。欧洲城市的转型团队认为，组织内部的学习至关重要，通过对照转型治理原则，他们发现了当前地方政府的结构、社会文化与实际脱节之处。与实际脱节的成因可以追溯到当前地方政府并不总是鼓励跨部门沟通，从长远角度思考城市问题，以及对试验和学习缺乏必要的关注。

这些案例研究也为确定转型团队所需的人选类型提供了经验。作为整个转型过程的引擎，先行者们不仅需要作为转型竞技场的一部分，而且需要组建转型团队。北九州市和根特市的案例表明，熟悉制度规则的参与者的加入，对推动转型至关重要。这类参与者能够敏锐地识别机遇窗口。蒙特勒伊的案例值得我们去反思，反思与转型有关联的外部力量，如能源署，在转型中所能扮演的角色。

9.3.2　转型竞技场

与转型团队类似，转型竞技场也可以被视为转型过程中的行动者和不同行动者通过互动来应对可持续性挑战并深化可持续转型的交互空间。这些空间不是简单"以静态的方式存在于某处"，而是在不同群体的对话中产生并持续存在（Wittmayer et al.，2014）。它们既通过对话，也通过行动产生：人们可以质疑现有的认知并生成替代性方案。特别是在 3 个欧洲城市的转型实践中，有趣的想法的产生与转型竞技场的边界有关。

一种描述这些边界的方式是聚焦于时间耗费上。首先是转型治理过程的耗时问题。虽然有些行动者认为转型启动过于仓促，但另一些人却迫不及待地想要看到转型构想的落实。在根特，整个转型过程持续了大约 1 年，转型竞技场的参与者早已因过程的快节奏和突然终止而倍感压力。在阿伯丁，这一过程由于转型团队的内部变化持续了两年半。仓促举办的转型竞技场会议会限制参与者对转型过程产生认同感，转型会议的举办需要保持一定的节奏，以维持参与者的热情。但是，如果与整个转型过程相比，转型竞技场不过是短暂的一瞬，如北九州的城市转型持续了约 30 年。其次是行动者在这一过程中投入多少时间才是合理的？这一点对于欧洲城市的转型治理过程而言格外具有挑战性。这是因为许多参与者是利用自己的业余时间志愿参与的。这一点在根特体现得更为明显，那些将转型竞技场中的事务与自己本职工作结合起来的参与者在转型过程中表现得格外活跃。对于北九州而言，这一点体现得不是那么明显。因为无论是公共部门还是私营部门的参与者，均是以他们的正式身份参与其中的。在阿伯丁，这一问题也相对次要，因为参与者都是在工作期间举行会议的。

另一个与时间有关的问题是转型治理干预的合适时机。根特的案例表明，在合适的时间点，也就是市政府选举之前，抓住这一时机向转型参与者传播转型观点，可以提高观点被采纳的概率。在阿伯丁，转型治理过程发生在市民和地方政府因城市中心花园挪作商用而爆发冲突之后。在这一环境中，转型治理被当作重构市民和地方政府信任关系的启动器。

转型竞技场的边界是由转型竞技场的参与者与政府官员关系的本质所定义的，特别是在这些团体的内部更是如此。这些热烈参与的过程使得转型竞技场中的参与者们的关系更加密切。这种竞技场内部关系，特别是基于信任的关系，使得竞技场的参与者结为一个整体，由此定义了"内部"和"外部"的边界。由于转型竞技场允许人们自由加入和离开，所以这一边界是流动的。就根特的案例而言，霍尔舍等人（2016）指出，对政务官员和其他参与者的赋权不仅与竞技场内部关系有关，而且与转型议程形成之后加入的行动者以及转型竞技场与转型团队在成员身份上的重叠有关。

此外，还有一个有趣的观察结果是，参与者在转型竞技场中的角色或身份的构建可以刻意保持开放。换言之，这一建构过程既可以隐性的方式展开，也可以显性的方式存在。这些活动可以使转型竞技场以一种富有成效的方式容纳多种可能的框架，并对自身的角色给出合理性、情境化的定义。这在蒙特勒伊的转型竞技场中显得格外重要。转型竞技场的地位和这一过程的产出的合法性起初并没有明文记载。更确切地说，转型团队当时正在学习如何运用转型治理开展一场明晰且具有建设性的讨论以及转型竞技场应当如何扮演这样的角色。在蒙特勒伊，这种做法被证明是为地方转型议会的成立铺平了道路。由此看来，转型框架对于转型而言是必要的，明智的做法则是要避免以单边模式过早地结束转型框架的建立过程。蒙特勒伊转型团队从与转型治理活动有关的当地议会收到的全权委托可能是一项必要条件。

9.4 挑战现状的转型治理

在为转型团队或转型竞技场创造互动空间的过程中，5 座城市的现状以多种形式受到了挑战。更进一步的可持续转型正是在这些由替代性观点、实践和社会关系构成的空间中得到开发并走向成熟的（Wittmayer et al.，2014；Loorbach，2007，2010）。在收到一些系统性观察资料后，我们仔细分析了不同城市中的替代性观点、实践和社会关系，这 3 个领域彼此之间的确存在重叠和交互，而本书将其做区分是为了便于分析。

第一项整体观察的结果是，每一座城市看上去都会格外关注以上 3 个领域中的某一特定领域。东近江和北九州的关注焦点是建立替代性的实践模式。相比之下，其他城市的转型过程，如蒙特勒伊，则关注社会角色和关系的建构等问题。在阿伯丁，最重要的是提出新的发展思路。但这并不意味着对阿伯丁而言，其他两方面不重要。更确切地说，只是某一方面与其他两方面相比，获得了更多的关注。这可能与不同城市的政治环境有关：蒙特勒伊有着市民参与公共议题的传统且共和理念影响深远。相比之下，在日本的环境中，资历和层级观念深入人心。问题显然在于，这些潜在的价值观和世界观究竟产生了多大的影响，这也成为转型治理过程中的一个研究方向。这一点在洛巴赫（2010）提出的第四条转型治理原则中得到了很好的解释。这条原则是："系统动力同时创造了可行和不可行的引导方法。"在世界观和价值观成为系统动力的一部分时，转型团队成员在替代性观点、实践和社会关系重构 3 个领域可以有不同侧重。

第二项整体观察的结果是，5 个研究案例都从替代性观点、实践和社会关系重构的角度关注了可持续转型的历史背景、现状和未来。但没有一个案例关注在当前环境中需要"打破什么"，如何将"破"与"立"视为一个存在内在联系的过程。

第三项整体观察的结果是，只有在长期持续的案例研究中，我们才能观察到采纳源自转型治理竞技场的协同创新观点，并将其主流化产生的影响。这是因为只有这些案例研究才能使转型治理过程与更加宏观的地方规划过程连接起来。虽然日本的 2 个案例研究都覆盖了足够长的时间范围，使观察曾经的替代性观点、实践和社会关系变成主流成为可能，但这一情况显然不适用于时间跨度普遍不足 3 年的欧洲城市案例。同样地，在欧洲城市案例中存在这样一个开放性的问题：欧洲城市转型中的替代性观点、实践和社会关系是否会被正式化并成为主流？

9.4.1　观点

在产生新观点方面，我们运用归纳法区分并讨论了以下几点：① 构想和观点；② 对问题和解决方案的深入理解；③ 对转型过程的本质的理解；④ 在转型实践中产生的知识及其本质。

第一，关于未来的新认知在所有案例城市中都发展起来了。转型竞技场引领了关于城市未来的替代性观点和构想的表达，这可以帮助转型参与者们在更新既有社会结构和陈旧观点方面取得突破。这些构想的重要性已在本书第 4 章予以说明：构想正是以这种方式成为可以号召人们共同打破限制创新的既有路径的动员符号的。

第二，替代性观点的发展也与关于现有痼疾的新认知和试验有关。具体的转型路径和解决方案被开发出来，并在转型议程中被记录下来，如阿伯丁和根特，或是制成解决方案卡片，如蒙特勒伊。随着问题框架的拓展，这些观点也覆盖了根特转型的大部分主题，如水循环的重要性和城市绿化潜力等。在北九州市，市政府和企业从当时兴起的"通过将废弃物和排放物作为资源加以利用将其彻底消除"的观点出发建立了回收工厂（Shiroyama and Kajiki，2016）。

第三，关于城市如何可持续发展的想法的出现，推动了转型治理过程的加速。成功转型过程的特征如下：拥有开放性的转型纲领，不同行动者间密切合作并相互学习，为了使整个过程更加平等而对层级进行重新定义。在阿伯丁，所有的转型参与者都见证了合作的益处；而在根特，这一实践推动了对不同角色和社会关系的再定义。例如，在蒙特勒伊，转型的重点之一便是由政务官员们主持的以市民为对象的访谈，这些访谈造就了更了解基层社会的公职人员。相比其他地方，该地的转型治理过程被认为更加平等、开放，并为新的实践路线的建立做出了贡献。此外，在根特，更加强调社会学习的一个结果是，参与者的知识水平得到提升，而气候主题的复杂性也得到承认（Hölscher et al.，2016）。

第四，从其他人的观点中学习新知识和由亲身实践产生的新知是截然不同的。后者强调更加系统性和探索性的思考方式。关于系统性和探索性的思考方式，欧洲城市中的替代性构想发展的要素之一便是从更为宽泛的角度理解可持续性。这些构想在生态领域之外还强调社会、文化和政治领域的协同发展，使价值探讨成为转型过程的一部分而不是将之忽略。因此，相比于单纯从缓和气候变化和节能的角度强调可持续性的论调，这些源自竞技场的构想形成了一种截然不同的替代性方案。

9.4.2 实践

5个城市都参与了转型合作的新实践。这些合作在欧洲城市中以对转型治理的实操层面应用为主，这一特点也同样存在于日本城市。在北九州，我们可以观察到中央和地方官员之间的沟通互动，以及通过培训增强地方官员之间及地方官员与公众的互动现象。在东近江，社区商业模式作为一种实践模式得以确立，不同的行动者和资源在这一模式中汇聚到一起。在欧洲城市中，市政府在转型治理过程中不再处于主导地位。这也产生了从城市行政部门各自为政到允许跨部门交流与经验传授的变革。这一合作实践逐渐推广开来，并在转型团队、转型竞技场、转型工作组和项目等不同形式中，将政府官员、企业和市民纳入其中。

所有城市都通过一系列基于各自特有的环境而设计的试验项目来应对可持续发展问题。以东近江为例，食品供给、能源生产和老龄照护服务被集合在福利商城这一地理空间当中。根特市出现了大量的工作组，每个工作组都关注不同的主题，其中一些富有成效的工作组也创立了一些有特色的项目，如"一日胡萝卜族"和"生活街道"项目，在后一个项目中，市民们暂时将他们所在的街道转变为无机动车辆通行的街道。在北九州，PET 塑料瓶回收产业被立为当地经济复苏的成功范例。

9.4.3　社会关系与新行动者

作为转型治理过程的一部分，新的社会关系以及行动者从该过程中被培育出来。虽然培育形式不尽相同，但所有城市都表现出社会关系方面的变化：① 创立新的社会关系；② 改善原有社会关系的质量；③ 改变既有角色；④ 创造新的行动者或角色。各种角色不是静止的，而是处于不断变动当中，而且不同的行动者在不同的环境中也可以扮演不同的角色。在欧洲城市的转型竞技场中，转型研究者和地方能源署等外部行动者承担起了反思转型过程质量和结果的任务。个体层面的新关系建立可概括为：转型竞技场的参与者们彼此之间建立了新纽带，来自不同部门的政策制定者与他们的同事建立了跨部门合作纽带。

在探讨替代性观点和实践的过程中，不同行动者之间建立了联系。与其说这些建立联系的过程与市民参与由市政府领导的转型过程有关，不如说这些过程正是市民与政策制定者建立关系的过程。在这一过程中，双方作为行动者，虽然持有不同的观点、立场和诉求，但都有一个共同目标，那就是可持续发展。在蒙特勒伊，这一关系是建立在一份纲领上的。该纲领的内容表明以上关系在本质上应当是平等的，其基础是"相互尊重，竞技场会议中形成的成果由全体成员共享"（Krauz，2016）。这一关系的改变也质疑了对潜在角色的理解。政务官员以特定方式与对可持续转型感兴趣的群体互动，将会增强政务官员处理行政事务的能力。正如阿伯丁案例中所提出的那样："这一过程本身使他们能够意识到参与者和市议会在使城市采取更进一步的行动以向人人向往的未来共同努力方面所做出的角色转变。"（Frantzeskaki and Tefrati，2016）。这种对特定角色理解的变化，也会随之影响对其他与之有关的角色的理解。随着对政务官员"是什么人""应该做什么事"的理解发生改变，对市民、市政府等角色的理解也随之改变（Turner，1990）。

同样的机制也适用于现有社会网络中新加入的行动者或角色。此前，我们已强调过转型团队和转型竞技场既可以被视为空间，也可以被视为行动者。正如下文将要提到的那样，它们是系统中的新行动者，而该系统正逐渐成为一个更加复杂、动态的关系网络的一部分；同样地，新行动者提供了重新定义角色和关系的动力。另一个案例是蒙特勒伊的转型竞技场向"地方转型议会"的转变。这一转变不仅使转型竞技场成为一种暂时性的转型推力，而且通过制度化的方式使其成为常驻行动者，并在城市网络中发挥作用。在北九州市的案例中，网络中的新行动者是一家新公司——西日本 PET 塑料瓶回收有限公司。该公司是在当地市政府和 5 家私有企业的投资下建立起来的。

9.5　转型治理的经验借鉴

在关注转型治理的过程和结果之后，本节概括了可供借鉴的城市转型治理经验。

9.5.1　转型过程设计经验借鉴

1）在主持转型治理过程时探寻具有建设性的紧张感

城市行政管理者的确在转型治理过程中扮演着重要角色：他们启动并资助这些过程，有时甚至要亲自推动它们。重要的是，他们被视为这些过程的驱动者和使各种要素集聚在一起的黏合剂，他们能在转型治理过程中将后续活动推进下去。正如弗兰茨斯卡基和特弗拉蒂在本书第 4 章所提到的那样："市议会在转型中的中心角色是推动后续过程，以使转型代表们得以继续完成转型构想所要面对的各项任务。"同样，根特市的案例也证实了这一点。在该案例中，来自城市行政部门的引导，对于增强转型动力、推动合作和后续活动而言似乎是必要的。由此可见，城市行政部门的确需要在"全面掌握这一过程的主导权"和"将这一过程授权给其他人"之间达到平衡。他们需要在拒绝上级、同级和转型竞技场的参与者不合理的愿望的同时，使转型过程持续运行下去。他们也需要在此过程中不断反思，而要做到这一点可能需要在转型竞技场中召开会议。这种具有建设性的紧张感之所以会产生，是因为转型竞技场的过程最先被人们视为社会学习过程而不是普通的政策制定过程。

2）认真考虑后续活动

接下来关注城市行政部门在后续活动中所扮演的角色，特别是在转型过程启动之后。认真完成一项战略以及创造相互信任的氛围看上去对确保高质量的后续行动来说至关重要（Hölscher et al.，2016）。关键在于使"合适的人"参与其中。根特和蒙特勒伊的经验表明，能将自身的专业背景与转型试验联系在一起的人更可能继续参与后续活动。其他人则要么受制于财力不足，要么受制于空闲时间不足，不能很好地参与转型治理过程。为了找到这些"合适的人"，根特组织了一场引人注目的"猎头活动"，而蒙特勒伊则组织了一场节庆活动。另一件至关重要的事是，要将转型议程转变为切实可行的商机。在日本的城市中，在长期交互中发展出的公私部门合作关系和社区商业模式是转型成功的重要基础。转型治理是一个不断重复的闭环，而不是单向度的计划过程。这一概念包含着"这一过程需要基于常规基础不断重复"的内涵。在蒙特勒伊，这一概念使临时性的转型竞技场转化为常态化的地方转型议会。

3）同时召集来自体制内和体制外的行动者

转型治理过程的推进与主导性制度密切相关。根特市的案例表明，在整体构想设立后，转型工作的重点集中在拓展社会网络和开始行动的阶段，这些主导制度与转型间的纽带便可成为加速转型的机遇。转型竞技场和转型团队旨在通过猎头行动使那些具备转型观念且有能力推动转型的体制内行动者参与其中。根特的案例同样说明了如何将转型议程与政策议程联系起来。这种做法可以在使意见的采纳概率提升的同时，避免转型议程的热度下降。但要想实现这一过程并非易事：这需要时间和大量沟通。日本2个城市的案例均表明，将企业和社会力量这两类通常被认为倾向于采取不可持续范式的行动者纳入转型过程可收获丰硕的成果。以上 2 个案例同样表明，城市转型过程可以经由与其他层面的联系得到加速，如中央政府。

4）在过程中引入反思性讨论

转型治理并不是凭空产生的，而这也是反思性讨论发挥重要作用之处。这一阶段包括对整体目标、转型竞技场在更广阔的治理环境中所扮演的角色、转型竞技场的设置的反思。反思并不是要阻碍行动；与之相反，反思过程要明确的是何时开放讨论议题，何时停止讨论议题转而采取行动，何时再次开放讨论，等等。

5）以三领域之一作为切入点

从替代性观点、实践、社会关系重构这 3 个领域中择一作为转型过程的切入点，会对推动转型过程更加有利。这意味着转型应当有侧重地关注 3 个领域中的某一个，如处于更广阔环境中的可持续转型社会关系。由于这 3 个领域之间是错综复杂的，所以新行动者的加入往往会伴随着由其带来的替代性观点和实践。在从 3 个领域中选择其一作为切入点时，转型团队应当充分考虑到城市中现有的转型动力：对可持续发展来说什么是必不可少的？这一选择会引发对特定问题的深度检验，并有助于管理对转型过程的预期。

9.5.2　城市转型治理经验

由第 4 章到第 8 章的分析结果可见，洛巴赫（2007，2010）提出的各项转型治理结论可谓既抓住了重点，又在重要性方面毫无疏漏。这些原则包括：内容和过程不可分离；应当从长规划治理过程；这些过程的目标应当在系统层面具有灵活性，可以根据实际情况进行调整，并为行动者们创造替代性方案提供空间。

然而，在城市环境中，我认为以下原则可以对洛巴赫提出的原则进行补充。

（1）为了提升自身推动转型的潜力，城市层面的治理过程需要与其他治理层面的发展和行动者建立联系。与不同治理层面的发展和行动者的联系可以创立交互空间。例如，通过资助，或通过提供平台，或通过知识交流来建立各种交互空间。

（2）城市转型过程包括对转型议题进行开放与封闭的循环。转型治理被建构为一条反思性的治理路径（Kemp and Loorbach，2006）。虽然反思性没有被刻意加入转型治理原则，但其他转型治理原则却见证了这一趋势。我们特别强调转型过程的反思性，并将其置于转型竞技场的焦点位置。这种反思性的价值，在蒙特勒伊的转型竞技场框架的启闭过程中格外明显，在其他 4 个城市中也可以观察到这种更为显著的转型竞技场框架启闭的时间点。这种周期性的开启过程也包括对现状的质疑，对历史成见的挑战，以及在各种替代性方案和构想中开展头脑风暴。

（3）对行动者的角色和社会关系的质疑使得社会网络变革成为社会转型的重要方面。通过对行动者角色和社会关系的特别关注，该原则增加了人们对社会创新以及由此产生的社会关系变化的关注（Franz et al.，2012；Moulaert et al.，2013），而这也是转型治理过程的组成部分。本书中所有的案例均已从如何理解行动者角色的角度见证了不同行动者间的关系是如何改变的。

9.6 结论

本章从转型治理的角度提供了大量对 5 座城市转型治理经验的反思，从替代性观点、实践、社会关系重构 3 个领域择一作为转型过程的切入点，以及由此得出的结论，为创造替代性方案提供了空间。阿伯丁、根特、蒙特勒伊、东近江、北九州的案例为地方转型实践提供了范例。

本章指出了当地环境和转型动力的重要性。它强化了为社会学习和交互创造空间这一至关重要的观点。而该空间对替代性观点、实践、社会关系的产生是必不可少的。最后，本章总结了可供转型治理过程设计借鉴的经验，同时向城市转型治理提出了若干的治理原则和建议。

参考文献

Frantzeskaki N, Tefrati N (2016) A transformative vision unlocks the innovative potential of Aberdeen city, UK. In: Loorbach D, Wittmayer J, Shiroyama H, Fujino J, Mizuguchi S (eds) Governance of urban sustainability transitions, pp 53–72. Springer, Tokyo

Frantzeskaki N, Loorbach D, Meadowcroft J (2012) Governing transitions to sustainability: transition management as a governance approach towards pursuing sustainability. Int J Sustain Dev 15(1/2):19–36

Franz HW, Hochgerner J, Howaldt J (2012) Challenge social innovation: potentials for business, social entrepreneurship, welfare and civil society. Springer, Heidelberg

Hölscher K, Roorda C, Nevens F (2016) Ghent: fostering a climate for transition. In: Loorbach D, Wittmayer J, Shiroyama H, Fujino J, Mizuguchi S (eds) Governance of urban sustainability transitions, pp 95–115. Springer, Tokyo

Kemp R, Loorbach D (2006) Transition management: a reflexive governance approach. In: Voß J-P, Bauknecht D, Kemp R (eds) Reflexive governance for sustainable development. Edward Elgar, Cheltenham/Northampton, pp 103–161

Krauz A (2016) Transition management in Montreuil: towards perspectives of hybridisation between 'top-down' and 'bottom-up' transitions. In: Loorbach D, Wittmayer J, Shiroyama H, Fujino J, Mizuguchi S (eds) Governance of urban sustainability transitions, pp 137–154. Springer, Tokyo

Loorbach D (2007) Transition management. New mode of governance for sustainable development. PhD thesis, Erasmus University Rotterdam, Rotterdam

Loorbach D (2010) Transition management for sustainable development: a prescriptive, complexity-based governance framework. Governance 23(1):161–183

Loorbach D (2014) To transition! Governance panarchy in the new transformation. Inaugural lecture. Erasmus University of Rotterdam, Rotterdam

Loorbach D, Shiroyama H (2016) The challenge of sustainable urban development and transforming cities. In: Loorbach D, Wittmayer J, Shiroyama H, Fujino J, Mizuguchi S (eds) Governance of urban sustainability transitions, pp 3–15. Springer, Tokyo

Loorbach D, Frantzeskaki N, Huffenreuter LR (2015) Transition management: taking stock from governance experimentation. J Corp Citiz 58:48–66

Mizuguchi S, Ohta K, Beer PJ, Yamaguchi M, Nishimura T (2016) Interactions among multiple - niche-innovations and multi-regimes: the case of the "Welfare Mall" in Higashiomi. In: Loorbach D, Wittmayer J, Shiroyama H, Fujino J, Mizuguchi S (eds) Governance of urban sustainability transitions, pp 73–93. Springer, Tokyo

Moulaert F, MacCallum D, Mehmood A, Hamdouch A (eds) (2013) The international handbook on social innovation: collective action, social learning and transdisciplinary research. Edward Elgar, Cheltenham/Northampton

Nevens F, Frantzeskaki N, Loorbach D, Gorissen L (2013) Urban Transition Labs: co-creating transformative action for sustainable cities. Journal of Cleaner Production. 50:111–122

Nevens F, Roorda C (2014) A climate of change: A transition approach for climate neutrality in the city of Ghent (Belgium). Sustainable Cities and Society 10:112–121

Roorda C, Wittmayer J, Henneman P, van Steenbergen F, Frantzeskaki N, Loorbach D (2014) Transition management in the urban context, Guidance manual. DRIFT/Erasmus University Rotterdam, Rotterdam

Shiroyama H, Kajiki S (2016) Case study of Eco-town Project in Kitakyushu: tension among incumbents and the transition from industrial city to green city. In: Loorbach D, Wittmayer J, Shiroyama H, Fujino J, Mizuguchi S (eds) Governance of urban sustainability transitions, pp

117–136. Springer, Tokyo

Stirling A (2008) "Opening up" and "closing down." Power, participation, and pluralism in the social appraisal of technology. Sci Technol Hum Values 33(2):262–294

Turner RH (1990) Role change. Annu Rev Sociol 16:87–110

Van Buuren A, Loorbach D (2009) Policy innovation in isolation. Conditions for policy-renewal by transition arenas and pilot projects. Public Manag Rev 11:375–392

Wittmayer J, van Steenbergen F, Quist J, Loorbach D, Hoogland C (2011) The community Arena: a co-creation tool for sustainable behaviour by local communities. Methodological guidelines. Deliverable 4.1, InContext: EU ENV.2010.4.2.3-1 grant agreement n° 265191. Online available here: http://www.incontext-fp7.eu/sites/default/files/D4-1_Methodological%20guidelines_final.pdf

Wittmayer JM, Schäpke N, van Steenbergen F, Omann I (2014) Making sense of sustainability transitions locally. How action research contributes to addressing societal challenges. Crit Policy Stud 8(4):465–485

Wittmayer JM, van Steenbergen F, Rok A, Roorda C (2015) Governing sustainability: a dialogue between Local Agenda 21 and transition management. Local Environ: Int J Just Sustain. doi:10.1080/13549839.2015.1050658

Wittmayer J, Mizuguchi S, Rach S, Fujino J (2016) City networks for sustainability transitions in Europe and Japan. In: Loorbach D, Wittmayer J, Shiroyama H, Fujino J, Mizuguchi S (eds) Governance of urban sustainability transitions, pp 37–50. Springer, Tokyo

第 10 章

面向政策制定者和实践者的城市可持续转型治理实用性建议

彼得·比尔斯[①]

【摘　要】　日益复杂的社会问题已不能再通过与传统政府有关的"古典规章制度"进行管理。相反，它们需要转型治理等更加精细、与社会网络关联的制度安排。在这种制度安排中，政策制定者既不必是唯一的参与主体，也不必是居于领导地位的主体。本章观察了欧洲和日本的 5 个城市应对可持续性挑战的过程，为实践者们总结出可更加有效地应对此类问题的建议。这些案例展现了混合网络在最广泛意义上的潜力和重要性。这些案例也表明，对于转型而言，追求共同行动并将不同的问题源流结合起来思考，要比只追求共识更有成效。

【关键词】　城市可持续转型　治理建议　转型治理　反思性治理　社会网络混合网络

---

① 彼得·比尔斯，任职于荷兰鹿特丹伊拉斯姆斯大学荷兰转型研究所。

10.1　引言

人们愈发意识到，日益复杂的社会问题已不能仅仅通过与传统政府有关的"古典规章制度"进行管理。相反，它们需要转型治理等更加精细、与社会网络关联的制度安排。在这种制度安排中，政策制定者既不必是唯一的参与主体，也不必是居于领导地位的主体。从福斯和肯普（2006）以及格林（2006）对反思性治理的呼吁中可以看出，政策制定者需要与企业、科学家、非政府组织、市民团体以及来自教育界的合作伙伴进行合作，以寻找可能的解决方案。

转型治理等反思性治理路径（Loorbach and Rotmans，2006）对于应对这个时代所面临的巨大挑战具有重要意义，但它们仍然相对新颖，并仅以相对初级的形式在一定区域得以实施。进一步来说，与此类反思性治理路径相关的工具和方法仍在开发中，且其作用领域也将发生变化。因此，归纳复杂社会变革环境中的转型治理和类似政策过程，能为实践者们提供经验以使他们能更有效地应对社会挑战。

本书收集的案例研究分为两种类型。一是关于欧洲城市的案例研究，如阿伯丁（Frantzeskaki and Tefrati，2016）、根特（Hölscher et al.，2016）和蒙特勒伊（Krauz，2016）都展现了对转型治理原则和方法的应用。二是关于日本城市的案例研究。相比之下，日本的东近江（Mizuguchi et al.，2016）和北九州（Shiroyama and Kajiki，2016）是形式更加自由的、关于各种复杂的社会问题治理的案例，当然它们也是使用转型治理框架进行分析的。两种转型案例的主要差异在于：欧洲的案例主要聚焦于转型治理干预，对其相对短暂的转型治理周期进行了详细的叙述；日本的案例在历史背景和转型过程方面的叙述则更为完整。

在本章中，我们基于各实证章节及与之有关的转型挑战，总结了一些实用的治理建议。这些建议特别针对参与城市可持续问题解决的专业人士，包括城市规划者和政策制定者。对于学者特别是转型研究者而言，本章的建议可为其在城市可持续转型方面的研究提供参考。

我们将这些建议分为两类：一般性治理建议和转型治理建议（见图 10.1）。首先，从所有实证章节中提取出来的，为复杂社会问题治理提供的一般性建议，应当能使一直致力于解决城市可持续发展的人们从中受益。其次，我们提供了关于转型治理路径的建议。我们提出这些建议不是为了提供解决方案，而是为实践者深化转型的努力提供引导和启示。

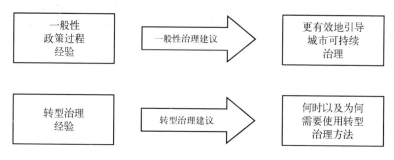

图 10.1　本章提供的两种建议

10.2　一般性治理建议

一般性治理建议基本包括两大类。第一类建议较为宽泛，在某种程度上，它们反映了具体的短期行动和与可持续的长期构想保持一致之间的紧张关系。转型持续的时间是这里的关键。第二类建议则涉及地方层面的复杂性、多层次的社会网络和环境。多层次的转型本质和它们的地理空间特征都在这里表明了灵活性对于可持续转型治理的必要性。

10.2.1　对短期行动提出务实的期待

本书所有的案例均清楚地表明，转型是需要时间的。这一观察结果可能给人陈词滥调的印象，特别是在前文给出转型定义时已指出转型的时间跨度可能长达一到两代人的情况下更是如此。

日本的案例普遍有着较长的时间线。例如，东近江的转型孕育于 40 年前的反污染运动，并与基于社区、运用当地资源的商业发展有关。最终汇聚于福利商城的各种新鲜事物则经历了长达十年的打磨，而福利商城本身从第一场讨论会议到最终建立也用了近 5 年时间。类似地，北九州的转型时间跨度也长达 30 年。这两个案例都表明，从第一个创新想法到第一步行动，再到采取进一步行动可能需要很长时间。同样地，这些案例也强调了转型准备阶段的重要性和持续性（Rotmans and Loorbach，2009）。在基础条件齐备的情况下，转型必然会以迅猛之势推进。

与之相对，本书所涉的欧洲城市的转型时间跨度则相对短暂，为 1.5～4 年。它们显然被置于一个历史性的分析框架中，从而植根于一个更长的时间框架，但在项目的限定时间范围内，转型并没有实际完成。由此可见，积极实施转型是"在理解长期动力的同时，关注短期行动"和"相对小规模的干预"之间的平衡方案。例如，在根特，"一日胡萝卜族"活动吸引了 938 名参与者，并使作为转型对象的超市在可持续措施方面投资 10 000 欧元。这些活动从转型层面看来是适中的，但在长期层面更值得注意的则是由这一过程演化而来的变革。在转型起始阶段没有采取任何实际行动的蒙特勒伊也取得了类似的成就。但蒙特勒伊的转型治理过程确实产生了诸如学习和工作路线变革等难以确定的结果。其地方能源署和先行者之间、市议会和先行者之间的新合作开始了，这些活动是在资金有限的情况下仍尽力实施的转型试验。

有趣的是，事实表明，根特的城市行政管理部门和转型竞技场的参与者对早期公开的转型治理路径表现出的怀疑，是二者对"雄心勃勃"的期待和在长期转型中的角色彼此对立造成的。虽然转型治理旨在加快转型进程，但日本城市转型的经验表明，即使实施了转型治理，我们也应当对短期内所能采取的行动保持适度期待，而为了实现转型所付出的努力则需要在时间上跨越数个项目或竞技场会议。我们由此可以直接得出 2 条治理建议：

（1）应对转型的推动力抱有务实的短期期待；在确立对短期行动的预期时应当慎重，并关注以社会网络增长的形态出现的不显著的变化。

（2）在思考时应超越项目的时间界限；"一两年"在转型的时间尺度中不

过是一瞬间；尽量做出长期承诺，否则所有的努力都可能付之东流。

10.2.2 努力实现短期行动

上文中已强调了努力实现短期行动的重要性。欧洲城市转型案例清楚地表明了寻找可以将拥有时间、想法、知识、技能、资金等资源的人们连接起来，并使他们参与具体行动的重要性。在根特，转型社会网络主要包括那些与自身专业背景有关联，有能力将新想法转变为新实践，或是向更广泛的群体"推销"转型构想的行动者"（Hölscher et al.，2016）。这一点表明了将转型竞技场中产生的想法与竞技场参与者的专业背景联系起来以产生行动的重要性。

类似地，蒙特勒伊的案例表明了在资源有限的情况下实现转型是何等的困难。占据主导地位、以草根阶层为主的转型竞技场，旨在将蒙特勒伊高地与低地这两个在文化和社会影响力方面差异显著的区域同时纳入其中，但最终形成的社会网络主要由白人男性组成，与其最初追求的更加平等、在人口结构上更具代表性的目标相去甚远。该案例表明，即使是参与转型竞技场会议所需的时间资源，也是许多人根本负担不起的。

根特和蒙特勒伊的案例均表明了在短期内采取行动是何等的困难以及为行动收集资源的重要性。当然，资源并不是唯一的问题。在阿伯丁和蒙特勒伊，来自城市行政部门的承诺和支持也表现出了同等的重要性。由此看来，其他一些难以确定的方面，主要是社会网络和动员也与转型团队的短期行动有关。

在北九州，补贴被作为推动变革的工具。在东近江也是如此。在东近江，由于与补贴相关的规定和资源会随着环境的变化而改变，所以对补贴的运用也更加灵活。这一案例表明，即便是补贴和罚款等更为传统的政策工具和财政工具，也可用来为新市场创造条件。由此我们得出以下治理建议：

（1）通过现有政策为新市场创造条件，并使资源转向利基市场。

（2）对获取行动资源所必需的社会网络保持了解和敏感度，并尝试创建行动所需的新社会网络。

（3）如果情况允许，通过共享资源为"沉默群体"创造参与空间，这可以使当地的社会网络受益。

10.2.3　关于社会网络的融合

在本书的各案例中，多元化社会网络的重要性在各个方面都崭露头角，使转型延伸到不同的地理层次和行政管理层次，连通商业、教育、科技、政府和非政府组织等领域的行动主体。我们可以将网络融合定义为多元化社会网络的多维形态，而且每一个构成维度都代表利用其中行动者的差异性使转型受益的机遇。

最典型的网络融合形态是自下而上与自上而下的组合型引导。在北九州与东近江的案例中，这种社会网络融合以政府—企业合作的形式出现，并延伸到整个地区和更高的行政层级中。在东近江，这种融合呈现出当地的独有特征。东近江坐落在名古屋和京都之间。名古屋是日本的工业和经济中心，而京都则是日本的前首都（1868 年之前）和拥有国际知名学府的现学术中心。这两座毗邻城市都可以作为社会网络融合的资源，例如，在为跨部门协作提供内部知识方面。

在北九州的生态城镇项目中，地方政府官员和中央政府官员间的紧密联系，对于项目获得资助是十分重要的。该方案既为当地公司提供了为项目进行前期准备的"软补贴"，也提供了建设项目配套基础设施的"硬补贴"。在某种程度上，这些案例表明"融合"是个涉及多重行政层级和多个行动者的复合概念。北九州市的案例也展现了利基市场与行政部门的融合。参与生态城镇项目的行动者，如政府高层官员、新日本制铁所和三井集团的总裁，都可以被视为掌权者，即在现有体制内的机要部门任职的行动者。这一案例表明转型可以从不同地方、以不同的方式开始。

在根特，我们见证了一种在更为抽象层次上的社会网络融合，这种融合增强了转型的内在动力和影响力。根特的另一个案例则涉及从仅在高校内部的行政人员、学生和教授间开展合作活动，向转型竞技场内的综合性合作活动的转变，也就是根特大学的转型。同样的情况也发生在该市行政机构内部的融合中：跨部门沟通机制得以建立，这一现象在转型竞技场中表现得尤为明显。在蒙特勒伊和阿伯丁，这种城市行政部门和转型竞技场参与者间的合作构成了另一种融合。这些案例使人们的视野从"自下而上"对"自上而下"的重要性中跳脱出来，转向更加多元化的社会网络融合形态。

我们可以得出以下两条关于社会网络融合的一般性经验：

（1）尝试对来自所有维度的机遇保持开放性，而非盲目地寻求草根层面的转型方案。

（2）对于政策制定者而言，这些案例表明了在地方官员和更高层级的行政官员之间建立联系，为转型创造更进一步的机遇的重要性。如果情况允许，则应自行尝试建立此类联系。

10.2.4　敏锐地挖掘当地资源

从本书提及的所有案例中总结出的最终经验是：能够敏锐地发掘当地各种有利于实现转型的条件的必要性。例如，在根特的案例中，政策焦点主要集中在可持续性上，而且政策制定者也怀有使根特成为气候中立城市的宏大志向。他们建立了一个气候联盟以吸纳可能有助于实现这一宏愿的行动者。这与蒙特勒伊案例的出发点是截然不同的。在蒙特勒伊，转型竞技场起源于草根群体，部分原因是受执政党执政理念的影响，当地社会结构强而有力，且市民在正式和非正式社会网络中都积极参与政治活动。

东近江市也是如此。因当地独特的历史和地理位置，有利于东近江在名古屋和京都两种参照系之间建立联系，并为多重构想创造可能性（Regeer et al.，2011）。特别是当地近江商人的后代多培养了一种集体认同感和连通不同价值观的技能。近江商人被视为日本商人的前身，以其"三者皆利"的实用哲学著称。而这一哲学可以被理解为一种连通不同利益群体的心愿。当地现有的各种条件的确给转型带来了不同程度的障碍，但更重要的是为加快实现转型带来了特有的机遇。

从以上关于挖掘当地资源的案例中可总结出以下关于社会网络融合的

治理经验：

（1）勿将社会网络融合局限在"自上而下"和"自下而上"的混合发展中。

（2）对可能为变革提供新资源的潜在融合方式保持开放性。

10.3　关于转型治理路径的建议

在本节中，我们聚焦转型治理的特定方面，并为未来可能的转型治理提供建议，这些建议同样适用于一般性的转型治理过程。我们立足于本书中关于转型治理及其相关工具和手段如何影响、加速转型的实证案例。这些案例揭示了一些在特定环境下运用转型治理的考量因素。在本节中，我们主要关注为实现转型而努力的共同起点以及转型治理在接受多样性中所扮演的角色。

10.3.1　转型治理可以提供共同起点

本书中 3 个欧洲城市的转型治理过程都始于系统分析。根特的转型经验表明，系统分析有助于确保转型竞技场具有一定的实用性。在蒙特勒伊，系统分析作为研讨的良好开端而得到广泛接受。系统分析依赖于先行者们经由访谈提出的各种想法，并在转型团队的案头研究中得到补充：这保证了其可接受性。随后发生的讨论则聚焦于转型治理挑战的建构。这些结果是令人欣喜的。

具体而言，系统分析和未来设想过程都有助于 3 个城市的参与者达成共识，并促进对话和共同创造。在系统分析中，研究人员与根特市的管理者一起评估社会、生态和经济价值存量以及相互之间的关系（Grosskurth，2008）。在随后的转型竞技场会议中，系统分析的结果被作为更广泛讨论的基础，这些讨论帮助参与者建立自身与气候变化的现实之间的关联。

一般来说，系统分析的信息并不仅仅是为了对科学研究结果做总结，然后以书面形式发给大家。相反地，这些信息要被纳入参与者的讨论过程中，并与 3 个城市的转型参与者讨论，这些问题的切入方向由参与者各自定夺。换句话说，转型竞技场参与者讨论了这些来自系统分析的信息并提出新的观点。这些信息在社会学习过程中更多被视为中立的，而不是"专家说事情就是这样的"（民众能通过来自系统分析的信息形成自己的观点，而不是人云亦云，译注）。

进一步来说，根特和蒙特勒伊的案例都表明这些信息不应该被科研领域独享。非科研人员参与拟定系统分析要求，对转型治理而言可能是关键的。同样，在展望过程中将系统分析的信息作为启示而不是"事实"提供给参与者也非常重要。分类并讨论来自科学家的信息是转型治理的组成部分，但这里的经验同样表明，当参与者之间有不同的看法需要协调时，这样做对于一般性治理问题也是有效的。据此我们可以得出以下治理建议：

（1）运用信息和知识为转型竞技场的多元参与者们创造一个共同的起点。

（2）通过汲取不同的社会观点和不同类型的知识，为重新解释知识及重构主导性政策框架创造空间。

10.3.2　转型治理有助于使多样性更易被接受

在阿伯丁市，转型治理出现了一个新的功能：它为转型竞技场中的各种差异创造了共存空间，由此为建立不同观点间的联系奠定了基础（Beers et al.，2010）。具体来说，阿伯丁的转型展望过程具有战略价值，它揭示了当今阻碍转型的一些现行做法，也提出了以集体行动作为突破点的可选方案。由此，转型过程让参与者发现互相连接的可能，在最初的讨论当中往往都不予考虑的对象最后也有可能成为盟友。在根特市，当新的行动者受邀加入继气候竞技场研讨会之后的个人气候工作小组时，相似的情况也发生了。

在了解了彼此之间的差异后，阿伯丁的行动者开始寻找相关的合作机会。例如，转型团队成员在城市现有行政管理体系存在障碍的情况下，仍寻求与城市项目联动的可能性。这种展望过程帮助参与者了解他们在有不同的顾虑和目标时是怎么互相关联的。这一过程在"共同观点不必然意味着共同行动"的氛围中展开，看上去类似于"价值相互联系的发展"。与之相反，行动必然要与各种考虑联系起来，从而使其结果对每一名参与者都具有特殊的价值。显然，阿伯丁的展望过程通过政治授权的方式帮助"不同观点下的共同行动"找到了联系。

彼此不同的多元化观点是在任何城市的可持续治理中必然存在的。不同于一味地追求共识，围绕问题导向和未来构想达成协议对于寻求有价值、有意义的共同行动更加重要，即使是在行动者的观点不同的情况下也是如此，由此得出两条治理建议：

（1）在实现一般目标和特定目标上，寻求共同行动比寻求共识更重要。

（2）推进深度展望过程，可在寻求共同行动过程中使不同观点建立联系。

10.4 结论

本章从前文欧洲和日本城市的转型治理案例中引出了多条治理建议。我们基于转型的周期以及城市地理空间和多层次特点给出了一些建议。如前所述，我们建议在确定要对某一转型动力的影响做出预期时保持谨慎。短期看来，关注社会网络增长带来的不确定性结果以及行动者的言论变化要比关注更加具体真实的行动更有效。某一转型动力的存续时间在整个转型过程中只不过是一瞬间。与之相关的建议则是，在战略思考时，要尽量超越单个项目的时间跨度并做出长期承诺。

尽管具体行动在短期内难以看到效果，但这些行动在为实现转型而进行的学习中依然重要。因此，第二条建议是关于如何加速地方上的短期行动的。作为链接各类资源的中介，社会网络是其中的关键。政策制定者可通过为不同的行动者创造相遇空间和向利基市场转移资源的方式，来为行动导向的变革做出贡献。如此看来，那些因缺乏资源而在转型方案中未出现的群体也是需要特别关注的。

这一点将我们引至转型的多层次性和地理空间特点上。本书的各案例均表明，有必要对融合社会网络的机遇保持关注，且不应将此局限于对"自上而下"和"自下而上"的混合发展。相反，社会网络包括政府部门、其他行政机构、个体、社会组织等多个构成维度。这些维度都可以为社会网络融合提供机遇。从传统观点看来，转型通常被视为源自草根阶层的倡议，但本书的案例也表明管理者同样可能成为推动转型的原动力（Geels and Schot，2007）。社会网络融合的概念事实上表明，转型倡议可能以不同的方式开始，且来自不同的行动者。由此带来的挑战在于，如何对任何可能为变革提供资源的潜在融合方式保持关注。

在何时由何人推动转型治理的问题上，我们总结出的经验是：专家提供的信息可以作为由多元化参与者参与的转型竞技场的共同起点。这些参与者可借此将他们所处的环境和实践与正在讨论中的竞技场议题联系起来。更进一步，这些案例表明，对转型来说，追求共同行动并将不同的问题源流融合起来思考，要比只追求共识更有成效。

此外，也许更值得注意的结论是：当地环境在作为变革障碍或机遇方面的重要性。这一认知强调了将转型治理作为一系列指导性原则，而不是实践指南加以运用的必要性。我们总结的建议表明，转型治理可被视为以下几个方面的平衡方案：① "自上而下" 与 "自下而上"。② 管理者与草根阶层。③ 期望与行动。④ 对未能被代表的观点的容蓄与对行动所需的时间、资金和其他资源的容蓄。

欧洲城市转型治理案例的结果证明了转型治理在提升个体认知和政治赋权方面的潜力。总的来说，本书想要表达的是，转型治理实际上可能比它看起来的更复杂，但也更有潜力。

参考文献

Beers PJ, Veldkamp A, Hermans F, Van Apeldoorn D, Vervoort J, Kok K (2010) Future sustainability and images. Futures 42:723–732

Frantzeskaki N, Tefrati N (2016) A transformative vision unlocks the innovative potential of Aberdeen City, UK. In: Loorbach D, Wittmayer J, Shiroyama H, Fujino J, Mizuguchi S (eds) Governance of urban sustainability transitions, pp 53–72. Springer, Tokyo

Geels FW, Schot J (2007) Typology of sociotechnical transition pathways. Res Policy 36:399–417

Grin J (2006) Reflexive modernisation as a governance issue, or: designing and shaping re-structuration. In: Voß J-P, Bauknecht D, Kemp R (eds) Reflexive governance for sustainable development. Edward Elgar, Cheltenham

Grosskurth J (2008) Regional sustainability. Tools for integrated governance. Maastricht University, Maastricht

Hölscher K, Roorda C, Nevens F (2016) Ghent: fostering a climate for transition. In: Loorbach D, Wittmayer J, Shiroyama H, Fujino J, Mizuguchi S (eds) Governance of urban sustainability transitions, pp 95–115. Springer, Tokyo

Krauz A (2016) Transition management in Montreuil: towards perspectives of hybridisation between 'top-down' and 'bottom-up' transitions. In: Loorbach D, Wittmayer J, Shiroyama H, Fujino J, Mizuguchi S (eds) Governance of urban sustainability transitions, pp 137–154. Springer, Tokyo

Loorbach D, Rotmans J (2006) Managing transitions for sustainable development. In: Olsthoorn X, Wieczorek AJ (eds) Understanding industrial transformation: views from different disciplines, vol 44, Environment and policy. Springer, Dordrecht, pp 187–206

Mizuguchi S, Ohta K, Beers PJ, Yamaguchi M, Nishimura T (2016) Interactions among multiple - niche-innovations and multi-regimes: the case of the "Welfare Mall" in Higashiohmi. In: Loorbach D, Wittmayer J, Shiroyama H, Fujino J, Mizuguchi S (eds) Governance of urban sustainability transitions, pp 73–93. Springer, Tokyo

Regeer B, Mager S, Van Oorsouw Y (2011) Licence to grow. Innovating sustainable development by connecting values. VU University Press, Amsterdam

Rotmans J, Loorbach D (2009) Complexity and transition management. J Ind Ecol 13(2):184–196

Shiroyama H, Kajiki S (2016) Case study of Eco-town Project in Kitakyushu: tension among incumbents and the transition from industrial city to green city. In: Loorbach D, Wittmayer J, Shiroyama H, Fujino J, Mizuguchi S (eds) Governance of urban sustainability transitions, pp 117–136. Springer, Tokyo

Shove E, Walker G (2007) Caution! Transitions ahead: politics, practice, and sustainable transition management. Environ Plan A 39:763–770

Voß J-P, Kemp R (2006) Sustainability and reflexive governance: introduction. In: Voß J-P, Bauknecht D, Kemp R (eds) Reflexive governance for sustainable development. Edward Elgar, Cheltenham

| 第 11 章 |

城市转型治理的未来研究方向

妮基·弗兰茨斯卡基[①]　城山英明[②]

【摘　要】　本章基于本书不同章节的讨论和结论，提出了未来转型治理的新研究方向。这些研究方向集中在不同的转型治理应用类型上，包括理论性、探索性和实操性应用。由此，我们为推进转型治理的具体性研究和城市可持续性治理的一般性研究指明了新的研究方向。

【关键词】　转型治理　可持续性　研究议程　改革　先行者

11.1　引言

推进城市可持续发展进程是一项艰巨的任务。出于对短期困难而非行动的关注，以及长期目标和行动之间的脱节，即使政务官员和城市规划者能充分认识到可持续发展的价值，且对环境现状有所了解，转型进程的推进依旧困难重

① 妮基·弗兰茨斯卡基，任职于荷兰鹿特丹伊拉斯姆斯大学荷兰转型研究所。
② 城山英明，日本东京大学教授，主要研究国际行政学、科技与公共政策和公共政策过程。

重。转型治理是一种通过试验实实在在地推进转变进程的方式，从而在长期目标和短期行动间创造联系的治理方法。本书中的转型治理案例向我们展示了将可持续性愿景付诸实践的可能性。欧洲和日本的城市案例详尽地阐述了转型治理的两种不同应用，即实际操作层面的应用和探索层面的应用（Frantzeskaki et al.，2014）。

在我们讨论接下来的内容之前，需要先阐明"可持续转型治理"和"为实现可持续转型而实施的治理"这两个不同概念。可持续转型治理，指的是对转型过程干预的类型以及它们在改变可持续转型的方向和节奏方面起到的作用。为实现可持续转型而实施的治理，是使可持续转型成为可能的各种方法、工具和框架。可持续转型治理在实操层面的应用，提供了用于解释转型治理作为一种有助于"为实现可持续转型而实施的治理"的依据。即可持续转型治理有助于"为实现可持续转型而实施的治理"。作为研究可持续转型的学者，我们也期待有更多的分析框架和方法被应用于"为实现可持续转型而实施的治理"中，使可持续转型的治理方法变得更完善。

11.2　关于"可持续转型治理"与"为实现可持续转型而实施的治理"的未来研究建议

在本章中，我们为"为实现可持续转型而实施的治理"的研究指明了更加系统性的方向。我们运用由弗兰茨斯卡基等人（2014）提出的 3 种转型治理应用来建构我们的讨论。

可持续转型治理的理论应用主要在第 1 章（Loorbach and Shiroyama，2016）和第 2 章（Wittmayer and Loorbach，2016）。在这两章中，转型治理被视为使改革得以施行的新治理路径。在这些章节的讨论之后，我们为转型治理未来的理论发展指出了以下研究方向：如何在应用转型治理方法时将文化多样性通过拆解作为一种背景因素？

对文化及文化多样性的考量是可持续转型治理理论未来的研究主题。受

Meuleman（2013）对可持续发展治理在文化上反思的影响，结合本书的内容，我们提出以下的研究问题以开启在这个主题上的学术讨论：

（1）"为实现可持续转型而实施的治理"的理论是怎样从价值、信念、假设和实践方面考虑文化多样性的？

（2）文化和文化多样性的理论是怎样为"为实现可持续转型而实施的治理"提供信息的？

（3）对文化多样性的理解和驾驭能否使我们理解发生在不同文化中的改革过程？

（4）有什么新的理论或概念框架能为可持续转型治理提供文化响应信息，而非将文化视为障碍？

11.3　受转型治理实操性应用启发的研究方向

可持续转型治理在实操层面的应用包括在第 4 章（Frantzeskaki and Tefrati，2016）、第 6 章（Hölscher et al.，2016）和第 8 章（Krauz，2016）。在这几章中，转型治理被当作一种为设定情境化的参与过程和战略发展的过程方法论。这些过程可以利用行动者、社会网络和社区在推动转型和创新方面的能力。顺着这些章节中的讨论，我们为转型治理在实操层面的发展指出了如下研究方向。

11.3.1　确定方向

（1）转型治理过程设计应如何考虑内外行动者的动力，以确保由此开发出的转型议程具有可靠性和合法性？

（2）转型竞技场在哪种环境中是不适用的？将转型治理作为治理过程进行设计的适用性标准是什么？

（3）在缺乏变革开创者和先行者的情况下，转型治理是否适用于那些需要向人们灌输转型叙事的行动者环境？

（4）成功实施转型治理的先决条件是什么？

11.3.2　激发活力

（1）转型治理过程和议程设置是如何为创造社会、经济和环保方面的价值做出贡献的？

（2）在建立社会网络之外，我们应如何评估转型治理议程的长期影响？

（3）如何维系和调动社会网络以启动和实现转型议程？

11.3.3　议程设置

（1）在不对转型要素进行妥协或过度细化的情况下，如何才能使转型议程下沉到当地社区和当地叙事中去？

（2）如何启动和触发转型场景和角色动员网络中的授权过程？

（3）在协调转型议程与现行治理计划和流程的行动中，如何将环境条件工具化？

（4）怎样将由转型议程提出的建议与自下而上的提案和社会网络的自发性行动联合起来？

（5）如何运用转型竞技场小组推荐的议程为自上而下和自下而上的行动创造协同合作的条件？

（6）在议程设定阶段，来自不同渠道的有价值的新理论怎样才能与某种转型治理路径相结合？

（7）为了实现转型议程，哪些行动者会超越先行者？怎样管理那些需要转变角色或改变技能设定的行动者使之参与转型？

（8）如何评估新的行动者和行动者网络设置以便为行动者的角色和权力关系变化做好准备？

11.3.4　反思

（1）如何选择与转型治理周期各阶段相关的具体方法以适应其复杂性？

（2）在转型治理的不同环境下，对先行者的定义有什么不同？我们可以从中学习什么经验，并将其运用到为转型治理选择先行者的系统化方法论中？

（3）问题框架如何与转型治理平台上已选定的先行者相关联？

（4）怎样在案例研究中评估关于当前含离散元素的转型议程的激进程度？

（5）怎样评估转型议程的文化知情程度（使用开放性叙事还是排他性叙事）？

（6）在转型治理竞技场中共享知识的意义何在？如何在考虑环境差异的情况下进行跨案例比较？

（7）在转型议程和构想中，如何理解文化多元性？

11.4 受转型治理探索性应用启发的研究方向

转型治理的探索性应用包括第 5 章（Mizuguchi et al., 2016）和第 7 章（Shiroyama and Kajiki, 2016）。在这些章节中，转型治理作为描述性或诊断性视角，用于理解源自正在进行中的治理过程的动力。沿着这些章节的讨论，我们为转型治理的探索性发展指明了以下研究方向。

（1）在转型议程实施期间，发生在不同行动者、不同部门之间的争论和冲突是什么？

（2）在不同环境中，转型治理过程设计的相同点和不同点分别是什么？

（3）使转型构想地方化或向基层下沉，从而确保其被当地社会网络和行动者接受的机制是什么？

（4）法律手段在实现转型治理议程的过程中扮演着怎样的角色？

11.5 "可持续转型治理"与"为实现可持续转型而实施的治理"面临的挑战和未来发展方向

适用于非发达国家及其治理文化的转型治理，可以成为转型治理研究的新领域。因此，通过混合不同的理论源流，如将发展研究与转型治理相结合，将资源经济学与转型研究相结合，以为整体转型治理设计新的实操框架。

考虑到应用转型治理的新案例和新环境，我们也好奇当转型治理被应用于面临"萎缩的城市"或"破产的城市"，或城市正经历快节奏改革时会发生什么。在不同环境中，转型治理可能需要被重新设计，重新考虑行动者的选择过程及标准，或更具体来说，要超越先行者。在缺乏先行者的环境中，改革的建构者或促成者又将扮演怎样的角色？

此外，将源自转型治理探索性应用的发现与源自转型治理解释性研究的发现合并到新框架中，以及"为实现可持续转型而实施的治理"的路径也是新研究方向。反思过去与现在的转型过程以及治理方式可以为转型治理干预的设计提供什么借鉴。到目前为止，这两个研究源流既没有共同演化，也没有变得泾渭分明。因此，我们建议合并来自实践和反思的发现，以设计转型治理的"情境"。

在同样的脉络中，将转型治理作为实操框架，在设计和建立战略议程的过程中，研究者们目前仍未充实或完善转型治理原则（Loorbach，2010），以进一步考虑环境动力。转型治理实操性应用及其理论基础的反馈循环，目前仍处于缺失状态。本书第 9 章是个值得关注的例外。它汇集了城市可持续治理转型方面的经验和想法。这可能与创建系统性的监测与评估框架有关。该框架可以评估实践经验，并将其与理论基础进行对比。这种监测工作将会展示旨在实现改革目标的跨学科框架设计。

参考文献

Frantzeskaki N, Tefrati N (2016) A transformative vision unlocks the innovative potential of Aberdeen City, UK. In: Loorbach D, Wittmayer J, Shiroyama H, Fujino J, Mizuguchi S (eds) Governance of urban sustainability transitions, pp 53–72. Springer, Tokyo

Frantzeskaki N, Bach M, Hölscher K, Wittmayer J, Loorbach D (2014) Applications of transition management – taking stock of 13 years development pathway and identifying future research opportunities. International conference of sustainability transitions, Utrecht. www.ist2014.org

Frantzeskaki N, Hölscher K, Bach M, Avelino F (forthcoming) Co-creating sustainable urban futures, a primer on the application of transition management in cities. Springer

Hölscher K, Roorda C, Nevens F (2016) Ghent: fostering a climate for transition. In: Loorbach D, Wittmayer J, Shiroyama H, Fujino J, Mizuguchi S (eds) Governance of urban sustainability transitions, pp 95–115. Springer, Tokyo

Krauz A (2016) Transition management in Montreuil: towards perspectives of hybridisation between 'top-down' and 'bottom-up' transitions. In: Loorbach D, Wittmayer J, Shiroyama H, Fujino J, Mizuguchi S (eds) Governance of urban sustainability transitions, pp 137–154. Springer, Tokyo

Loorbach D (2010) Transition management for sustainable development: a prescriptive, complexity-based governance framework. Governance 23(1):161–183

Loorbach D, Shiroyama H (2016) Challenge of sustainable urban development. In: Loorbach D, Wittmayer J, Shiroyama H, Fujino J, Mizuguchi S (eds) Governance of urban sustainability transitions, pp 3–15. Springer, Tokyo

Meuleman L (2013) Cultural diversity and sustainability metagovernance. In: Meuleman L (ed) Transgovernance, advancing sustainability governance. Springer, Heidelberg/New York, pp 37–81

Mizuguchi S, Ohta K, Beers PJ, Yamaguchi M, Nishimura T (2016) Interactions among multiple niche-innovations and multi-regimes: the case of the "Welfare Mall" in Higashiohmi. In: Loorbach D, Wittmayer J, Shiroyama H, Fujino J, Mizuguchi S (eds) Governance of urban sustainability transitions, pp 73–93. Springer, Tokyo

Roorda C, Wittmayer J, Henneman P, van Steenbergen F, Frantzeskaki N, Loorbach D (2014) Transition management in the urban context. In: Guidance manual. DRIFT, Erasmus University Rotterdam, Rotterdam

Shiroyama H, Kajiki S (2016) Case study of Eco-town Project in Kitakyushu: tension among incumbents and the transition from industrial city to green city. In: Loorbach D, Wittmayer J, Shiroyama H, Fujino J, Mizuguchi S (eds) Governance of urban sustainability transitions, pp 117–136. Springer, Tokyo

Wittmayer J (2016) Insights and lessons for the governance of urban sustainability transitions. In: Loorbach D, Wittmayer J, Shiroyama H, Fujino J, Mizuguchi S (eds) Governance of urban sustainability transitions, pp 157–173. Springer, Tokyo

Wittmayer JM, Loorbach D (2016) Governing transitions in cities: fostering alternative ideas, practices and actors. In: Loorbach D, Wittmayer J, Shiroyama H, Fujino J, Mizuguchi S (eds) Governance of urban sustainability transitions, pp 17–36. Springer, Tokyo

译者简介

苗 瑞

博士，博士生导师，现任职于上海交通大学船舶海洋与建筑工程学院、双聘于上海交通大学中国城市治理研究院，主要研究工业工程与管理、工业大数据分析与管理、质量管理与可靠性工程、智能交通运输管理、生产系统规划与设计理论和方法、智能制造等；现主持国家自然科学基金面上项目（项目号：71971139），参加完成国家自然科学基金重点项目3项，企业委托项目20余项，发表论文100余篇，获得计算机软件著作权登记5项，发明专利3项，出版了"十三五"国家重点出版物规划项目《质量管理学》、21世纪普通教育规划教材《工程统计学》，在科学出版社出版《服务型制造运作管理》《基于工业工程的医疗健康服务系统化管理》等8部著作。现为教育部学位中心论文评审专家、中国机械工程学会工业大数据与智能系统分会委员。

邓晓明

教授，现任哈尔滨工程大学国际合作教育学院副院长；长期从事英语教学工作，研究方向为语篇分析和二语习得，主持完成教育部人文社会科学规划研究项目2项（项目号：10YJA740017、16YJA740007），出版专著、译著各1部，主编教材2本；现为教育部学位中心论文评审专家、黑龙江省语言文字工作业务指导委员会委员。

宋雨沁

获布里斯托大学管理学硕士学位，主要研究方向：阿比林悖论、群体性思维等，参与发表论文3篇，参与翻译书籍1部。

程　玥

上海外国语大学英语语言文学专业硕士，现任职于上海交通大学数学科学学院。曾获2021年度上海交通大学"教务管理工作优秀奖"三等奖；参与翻译《如何成为面向未来的学习者》。